汽车排放性能维护技术

QICHE PAIFANG XINGNENG WEIHU JISHU

交通运输部公路科学研究院　编著

人民交通出版社

北京

内　容　提　要

本书以降低汽车排放污染为目标,结合交通运输行业标准《汽车排放性能维护技术规范》(JT/T 1474—2023)研究编制而成,系统梳理了汽车排放污染物的生成机理,研究分析了汽车关键部件和控制技术的变化对排放性能的影响,根据维修项目制定了作业内容、方法、技术要求等具体维修工艺,形成了详细的汽车排放性能维护技术指南。

本书可作为汽车排放性能维修参考教材,指导汽车维修企业对排放超标车辆进行准确、高效维修,保证车辆排放性能符合国家排放要求。

图书在版编目(CIP)数据

汽车排放性能维护技术/交通运输部公路科学研究院编著. —北京:人民交通出版社股份有限公司,2024.5

ISBN 978-7-114-19492-4

Ⅰ.①汽… Ⅱ.①交… Ⅲ.①汽车排气—零部件—车辆修理　Ⅳ.①U472.41

中国国家版本馆 CIP 数据核字(2024)第 075894 号

书　　名:汽车排放性能维护技术
著　作　者:交通运输部公路科学研究院
责任编辑:李　佳
责任校对:孙国靖　宋佳时
责任印制:刘高彤
出版发行:人民交通出版社
地　　址:(100011)北京市朝阳区安定门外外馆斜街 3 号
网　　址:http://www.ccpcl.com.cn
销售电话:(010)59757973
总　经　销:人民交通出版社发行部
经　　销:各地新华书店
印　　刷:北京市密东印刷有限公司
开　　本:720×960　1/16
印　　张:8.5
字　　数:155 千
版　　次:2024 年 5 月　第 1 版
印　　次:2024 年 5 月　第 1 次印刷
书　　号:ISBN 978-7-114-19492-4
定　　价:58.00 元

(有印刷、装订质量问题的图书,由本社负责调换)

编写组

主　编：刘富佳　王　平　许书权
参　编：陈章鹏　王天学　刘开贵　刘　媛
　　　　杨宗明　邵麟芳　陈潮洲　杨小娟
　　　　陈方华　黄　睿　周　刚　邬果昉

前言 PREFACE

以内燃机为动力的汽车是人类目前使用最广泛的一种交通工具，其排出的废气是大气污染物主要来源之一。自20世纪60年代以来，随着世界各国汽车保有量的急剧增加，由汽车排放导致的大气污染也愈加严重。汽车是移动的排放污染源，在人口高度集中的城市和交通运输繁忙的工矿地区到处散发着大量的废气，严重威胁居民和职工的健康，破坏生态环境。近年来，我国汽车产销量每年以20%~30%的速度递增，1985年全国汽车保有量仅为350万辆，2000年达到2000万辆，截至2023年12月更是高达3.36亿辆。汽车排放污染已经发展成为当今世界的一个严峻问题。根据《中国移动源环境管理年报（2023年）》，2022年全国机动车（含汽车、三轮汽车和低速货车、摩托车等）一氧化碳（CO）、碳氢化合物（HC）、氮氧化物（NO_x）颗粒物（PM）四项污染物排放量分别为743.0万t、191.2万t、526.7万t、5.3万t。汽车是污染物排放的主要贡献者，其排放的CO、HC、NO_x和PM超过90%。柴油车NO_x和PM排放量分别超过汽车排放总量的80%和90%；汽油车CO、HC排放量超过汽车排放总量的80%。加强汽车排放污染治理的紧迫性已日益凸显。

减少汽车排放污染物的最根本途径是实施严格的汽车排放标准，进而推进汽车排放控制技术的开发和应用，提升新车的排放性能。汽车出厂时，其排放性能符合国家或地方标准，但随着汽车使用时间的增加，就必须要对影响车辆排放性能的部件和系统（如三元催化转换器和发动机电控系统等）进行严格的维护、修理，使其保持正常的技术状态，努力恢复到出厂时的排放水平，才能有效控制在用机动车污染物排放。在用机动车在机动车检验机构（I站）对尾气排放进行检验，若不符合排放标准，须到行业主管部门认可的机动车维修治理机构（M站）进行维修治理，达到符合排放标准的污染治理要求。首检不合格的车辆，不得到另外的I站进行排气检验或重新上线检验。实践证明,完善的检验/维护(I/M)制度是目前最科学、合理、经济、有效的在用汽车排放污染控制途径。

为有效降低汽车排放污染,提高维护质量,进行在用汽车排放性能相关维护技术研究就显得更加重要和迫切。本书以交通运输行业标准《汽车排放性能维护技术规范》(JT/T 1474—2023)为研究基础,从 I/M 制度概述、国内外汽车排放标准及控制措施、汽车排放污染物生成机理及控制技术、汽车排放性能故障分析、汽车排放性能检测诊断与维护、汽车排放性能常见故障维护案例以及 I/M 制度实施建议与措施七个章节进行系统阐述,旨在有效降低在用汽车排放污染,提升环境保护水平,持续改善空气质量,不断增强人民群众的获得感和幸福感。

本书涉及内容范围较广,且由于编者水平有限,书中难免存在疏漏、错误或不足的地方,敬请广大读者及专家批评指正。

编写组

2024 年 1 月

目录 CONTENTS

第一章　I/M 制度概述 ··· 1

　　第一节　国外 I/M 制度实施情况 ································· 2
　　第二节　国内 I/M 制度实施情况 ································· 3

第二章　国内外汽车排放标准及控制措施 ······················· 7

　　第一节　国外排放法规 ·· 8
　　第二节　国内排放标准 ··· 17
　　第三节　主要城市排放控制措施 ··································· 19

第三章　汽车排放污染物生成机理及控制技术 ················ 31

　　第一节　排放污染物生成机理 ······································ 32
　　第二节　排放污染物控制技术 ······································ 38

第四章　汽车排放性能故障分析 ··································· 55

　　第一节　进气系统 ··· 56
　　第二节　排气系统 ··· 60
　　第三节　燃油供给系统 ··· 62
　　第四节　点火系统 ··· 65

第五节　冷却系统 …………………………………… 67
　　第六节　配气机构 …………………………………… 68
　　第七节　其他 ………………………………………… 69

第五章　汽车排放性能检测诊断与维护　71

　　第一节　汽油车排气污染物检测 …………………… 72
　　第二节　柴油车排气烟度检测 ……………………… 75
　　第三节　汽车排放维护诊断方法 …………………… 76
　　第四节　汽车排放维护诊断流程 …………………… 79
　　第五节　汽车排放性能维护关键零部件 …………… 82

第六章　汽车排放性能常见故障维护案例　87

　　第一节　汽油车排放性能常见故障维护案例 ……… 88
　　第二节　柴油车排放性能常见故障维护案例 ……… 96

第七章　I/M 制度实施建议与措施　99

参考文献 …………………………………………………… 102

附录1　汽车排放性能维护技术规范（JT/T 1474—2023）……… 103

附录2　关于建立实施汽车排放检验与维护制度的通知 ……… 111

附录3　汽车排放性能维护（维修）技术示范站建设与管理办法 …… 117

附录4　汽车排放性能维护（维修）技术示范站建设指南（试行）…… 121

第一章

CHAPTER 1

I/M制度概述

机动车排气污染检测与维护制度(Inspection Maintenance Program)简称I/M制度,是贯彻落实《中华人民共和国大气污染防治法》规定、助力打赢蓝天保卫战、推进改善大气环境质量、促进经济社会可持续发展、提升人民群众幸福感和获得感的一项重要举措和制度建设。I/M制度是指通过对在用机动车进行定期排放污染检验、在机动车集中停放地和维修地监督抽测、遥感监测、联合路检等方式,检验出尾气排放超标的机动车。对于排放检验超标的机动车,实行强制维修,使在用车辆恢复和保持出厂时的标准和符合国家规定的排放控制值后方可上道路行驶,形成机动车排放检验、超标车辆维修治理的闭环管理。该制度通过对机动车排放检测,倒逼机动车的正常维护,使机动车处于良好的运行状态,从而减少污染物排放。

I/M制度起初适用于汽油小汽车和轻型货车,后来有些地区将此扩大到重型货车和摩托车,测试频率一般为1次/年或2次/年。I/M制度是一套十分严格而完整的制度,包括:立法和政策,基本规范参数,测试程序、测试设备,质量控制,维修技术及设备,信息共享等内容。

I/M制度是针对在用车特点和各地具体情况加以选择和补充的专项法规,其立法目的是指导地方交通运输主管部门和生态环境管理部门治理在用车的排放。

I/M制度中推荐的基本参数和测试程序是从各种相关工艺的规程中提取出的可以使汽车尾气排放和蒸发排放大大减少的项目。同时,它还对随机检测技术程序和方法作了论述,提出了可选方案。

I/M制度要求建立大量的专门检测站与检测网络,并对车辆检测机构和维修企业作出了基本检测程序、仪器设备规格、质量评定方法和技术能力要求等方面的规定。

第一节 国外I/M制度实施情况

国际经验表明,I/M制度是治理在用汽车排放污染最经济、最行之有效的手段之一。欧盟、美国、日本等汽车发达国家和地区在享受汽车普及所带来的出行便利同时,也逐步重视在用汽车污染排放治理,通过健全法律法规体系、部门分工协作、全方位监管体系、完善M站运营保障、提供维修技术和配件保障,建立了多方协作配合的 I/M 制度闭环，使在用汽车排放污染逐步得到有效控制。

（1）美国的 I/M 制度是从 20 世纪 70 年代末开始实施的，分别从协作机制、许可认定、事中事后监管、数据互联互通、奖惩补贴、技术设备保障等措施对 I/M 制度作了闭环保障；建立了机动车维修管理局、环保局、机动车管理局等各部门协调配合的工作机制，并对检测站、维修站、检测维修站、认证站、仲裁站等实施分类许可；对站点通过公开检查、暗查、培训、业务水平指标监测、处罚等方式加强监管；建立了统一标准的信息化管理平台，并进行了数据的互联互通；制定了严格的路查、路检与处罚制度，并设立专项基金对站点和车主进行费用补贴；对维修技术和配件信息进行公开，延长排放控制部件的质保期限。

（2）加拿大的 I/M 制度与美国大致类似，立法中明确规定要求执行 I/M 制度的地区全部车辆都要进行检测，然后给合格车辆发放运行许可证。其立法内容包括标准项目必须不折不扣地执行，并在执行后进行严格检测，对不合格车辆要进行维修；维修操作时要求成本低，对车辆运行业务干扰最小，最大限度地降低在用汽车排放污染。

（3）欧盟自 1992 年提出了对在用汽车进行污染物排放检测的要求，并通过法规强化检测和维护要求的手段来完善 I/M 制度；要求年检不合格车辆须在 2 个月内到维修企业进行维护或自行维护，否则车主将面临行政处罚；经多次维护仍不达标的车辆必须报废；要求对中型以上载客和载货汽车、挂车等必须实施路检，比例不低于保有量的 5%。

（4）日本自 1951 年开始实施《道路车辆法》，与此同时建立在用汽车 I/M 制度，并通过许可认证、授权指定的方式来实现 I/M 制度闭环，要求年检不合格车辆必须到地方运输局授权的维修厂进行维修并复检，未经维修或复检的车辆禁止上路。日本维修厂分为"认证维修厂"和"指定维修厂"两类，地方运输局选择一批技术、管理水平高的认证维修工厂许可为"指定维修厂"，并允许其代表政府提供车检服务。车辆在"指定维修厂"维修检测合格后，可直接获得年检合格标志。而在"认证维修厂"维修后仍须地方运输局复检合格才能获得年检合格标志。

第二节 国内 I/M 制度实施情况

从目前我国的实际发展情况看，I/M 制度不仅对于治理数量庞大的在用汽车排放超标具有关键作用，也对完善维修技术内涵、引导汽车维修行业高质量发展具有重要意义。20 世纪 90 年代后期，我国政府主管部门及专家学者开始关注 I/M

制度,研究探索适用于我国的制度和技术措施,逐步形成有价值的理论成果,并得到国家有关部门的重视。

1999年,国家环境保护总局、科学技术部、国家机械工业局联合发布了《机动车排放污染防治技术政策》,提出对在用汽车的排放控制,应以强化检测/维护(I/M)制度为主,并根据各城市的具体情况,采取适宜的鼓励车辆淘汰和更新措施。完善城市在用汽车检测/维护(I/M)管理制度,加强检测能力和网络的建设,强化对在用汽车的排放性能检测,强制不达标车辆进行正常维护,保证车辆发动机处于正常技术状态。此外,还提出逐步建立汽车维修企业的认可制度和质量保证体系,使其配备必要的机动车排放检测和诊断手段,并完善和正确使用各种检测诊断仪器,提高维护技术水平,保证维修后的车辆排放污染物达到国家规定的排放标准要求。

2014年9月,交通运输部等十部门联合发布《关于促进汽车维修业转型升级提升服务质量的指导意见》,明确提出我国实施汽车检测与维护制度,促进行业生态文明建设。其中规定,交通运输部门要会同环境保护部门,建立实施汽车检测与维护(I/M)制度。要建立健全汽车检测与维护政策标准体系,明确汽车排气污染物检测站和维护站的职责、认定标准、统一标识及作业服务流程,制定机动车排放维修技术规范,提升排放维修技术和装备水平,不断提高全社会汽车尾气排放治理能力。各地环境保护、交通运输部门要结合本地实际,分别选择、扶持一批汽车检测站、维修企业发展成为检测、维护的网点,并定期公示、发布网点信息。经认定的检测、维护网点要在经营场所显著位置悬挂、张贴统一标识,开展规范化检测、维修服务。维护网点要严格按照汽车尾气排放维修技术规范、汽车维护技术手册及车型维修技术资料进行排放控制关键零部件维修,要向环境保护部门定期报送汽车排气污染物维修数据信息。

2020年6月,生态环境部、交通运输部和国家市场监督管理总局印发《关于建立实施汽车排放检验与维护制度的通知》(环大气〔2020〕31号,以下简称《通知》),提出要充分认识建立汽车排放检验与维护制度的重要意义,地方各级生态环境、市场监管部门要督促指导汽车排放检验机构依法落实汽车排放检验主体责任。取得汽车维修经营备案的一、二类汽车维修企业和从事发动机维修三类汽车维修企业,可作为汽车排放性能维护(维修)站。地方交通运输部门可以根据工作实际,按照公开公平公正的原则,遴选一定比例制度完善、技术公认、维修质量信誉考核等级在AA及以上、群众满意度高的汽车排放性能维护(维修)站作为汽车排放性能维护(维修)技术示范站。《通知》在全国布置建立实施I/M制度工作,标志着我国在用汽车排放超标治理驶入了快车道。贵州、江苏、山西等省份陆续建立实施 I/M 制度,有效降低在用汽车排放污染,加快改善空气质量。

　　2023 年 2 月,交通运输部办公厅印发《汽车排放性能维护(维修)技术示范站建设与管理办法》和《汽车排放性能维护(维修)技术示范站建设指南(试行)》,进一步规范汽车排放性能维护(维修)站经营,推进 M 站技术示范站建设,引领提升汽车排放污染物治理能力,以点带面推动汽车排放检验与维护制度落地落实,有效防治在用汽车排放污染,助力打好污染防治攻坚战。

第二章
CHAPTER 2

国内外汽车排放标准及控制措施

汽车排放标准是指规定汽车发动机所排放的废气,如一氧化碳、氮氧化物、碳氢化合物等在单位行驶里程内最大排放量的标准,是为了减少汽车运行过程中的污染物排放、保护环境和人体健康而制定的法规。这个标准是通过对汽车发动机的燃烧过程进行规定和限制来达到减少排放的目的。欧、美、日是当今世界汽车排放法规的3个主要体系,许多国家都不同程度地借鉴采用这些法规。我国汽车排放标准经历了从国Ⅰ至国Ⅵ共六个阶段的发展。

第一节 国外排放法规

一、欧盟

欧洲经济委员会(Economic Commission of Europe,ECE)的ECE法规在其34个缔约国内是自愿采用的,各国可根据本国具体情况,全部或部分采用,也可不采用,灵活性比较大。欧洲经济共同体(European Economic Community,EEC)[现称欧洲联盟(EU)]的EEC指令一经发布生效,在欧共体成员国内强制实施,并优于本国法规。EEC指令与ECE法规有着十分密切的关系,从法规内容来看,EEC指令和ECE法规许多项目的技术要求是相同或等效或基本相同。表2-1为欧洲ECE、EEC轻型汽车排放法规(第Ⅳ阶段),表2-2为欧洲ECE、EEC轻型汽车排放法规(第Ⅴ~Ⅵ阶段),表2-3为欧洲重型汽车排放法规。

二、美国

美国最早提出控制汽车排放污染物是加利福尼亚洛杉矶地区,该地区自然条件特殊,汽车密集,20世纪40年代出现了著名的"洛杉矶光化学烟雾事件"。因此,美国加利福尼亚州(以下简称加州)是世界上机动车排放控制和管理法规最为严格的地区,目前还是美国唯一有权自行制定本地区汽车排放法规的州。加利福尼亚空气资源局(CARB)是加州全权负责机动车排放控制和管理工作的部门。美国共执行两种法规:一种是联邦排放法规,由美国联邦环境保护署(EPA)根据"大气清洁法"制定,另一种是加州排放法规。加州排放法规远严于联邦排放法规。

表 2-1 欧洲 ECE,EEC 轻型汽车排放法规（第 Ⅳ 阶段）

排放法规名称	汽车类型			CO 型式认证/生产一致性	HC 型式认证/生产一致性	排放限值（g/km）NO$_x$ 型式认证/生产一致性	HC+NO$_x$ 型式认证/生产一致性	PM 型式认证/生产一致性
欧洲Ⅳ号法规	M$_1$ 类车中乘客（包括驾驶员）不超过 2500kg	汽油车		1.0/1.0	0.10/0.10	0.08/0.08	—	—
		柴油车		0.50/0.50	—	0.25/0.25	0.30/0.30	0.025/0.025
	M$_1$ 类车中乘客（包括驾驶员）不超过 2500kg、N$_1$ 类车	汽油车	RW≤1305kg	1.00/1.00	0.10/0.10	0.08/0.08	—	—
			1305kg<RW≤1760kg	1.81/1.81	0.13/0.13	0.10/0.10	—	—
			RW>1760kg	2.27/2.27	0.16/0.16	0.11/0.11	—	—
		柴油车	RW≤1305kg	0.50/0.50	—	0.25/0.25	0.30/0.30	0.025/0.025
			1305kg<RW≤1760kg	0.63/0.63	—	0.33/0.33	0.39/0.39	0.04/0.04
			RW>1760kg	0.74/0.74	—	0.39/0.39	0.46/0.46	0.06/0.06

注：① 欧洲Ⅳ号法规的试验循环有所改变，Ⅳ号法规规定在发动机起动就开始采样，这对发动机的暖机性能和三元催化转换器的起燃性能提出了更高的要求；
② RW，基准质量，等于整备质量加上 100kg；
③ 型式认证，制造厂递交一辆该厂生产的有代表性车辆进行型式认证试验；
④ 生产一致性，从型式认证合格的成批生产的车辆中任意抽取一辆进行生产一致性试验；
⑤ PM，颗粒物。

表 2-2 欧洲 ECE、EEC 轻型汽车排放法规（第 V ~ VI 阶段）

排放法规名称	类别	级别	基准质量(RW)(kg)	CO (mg/km) PI	CO (mg/km) CI	THC (mg/km) PI	THC (mg/km) CI	NMHC (mg/km) PI	NMHC (mg/km) CI	NO_x (mg/km) PI	NO_x (mg/km) CI	HC+NO_x (mg/km) PI	HC+NO_x (mg/km) CI	颗粒物(PM)质量 (mg/km) PI	颗粒物(PM)质量 (mg/km) CI	颗粒(P)数量 (#/km) PI	颗粒(P)数量 (#/km) CI
欧洲 V 号法规	M	—	全部	1000	500	100	—	68	—	60	180	—	230	5.0/4.5	5.0/4.5	—	6.0×10^{11}
	N_1	I	RW≤1305	1000	500	100	—	68	—	60	180	—	230	5.0/4.5	5.0/4.5	—	6.0×10^{11}
	N_1	II	1305<RW≤1760	1810	630	130	—	90	—	75	235	—	295	5.0/4.5	5.0/4.5	—	6.0×10^{11}
	N_1	III	RW>1760	2270	740	160	—	108	—	82	280	—	350	5.0/4.5	5.0/4.5	—	6.0×10^{11}
	N_2			2270	740	160	—	108	—	82	280	—	350	5.0/4.5	5.0/4.5	—	6.0×10^{11}
欧洲 VI 号法规	M	—	全部	1000	500	100	—	68	—	60	80	—	170	5.0/4.5	5.0/4.5	—	6.0×10^{11}
	N_1	I	RW≤1305	1000	500	100	—	68	—	60	80	—	170	5.0/4.5	5.0/4.5	—	6.0×10^{11}
	N_1	II	1305<RW≤1760	1810	630	130	—	90	—	75	105	—	195	5.0/4.5	5.0/4.5	—	6.0×10^{11}
	N_1	III	RW>1760	2270	740	160	—	108	—	82	125	—	215	5.0/4.5	5.0/4.5	—	6.0×10^{11}
	N_2			2270	740	160	—	108	—	82	125	—	215	5.0/4.5	5.0/4.5	—	6.0×10^{11}

注：① PI，点燃式；
② CI，压燃式；
③ 应在 4.5mg/km 的限值实施之前引入修订后的测量程序；
④ 应在该限值实施之前引入新的测量程序；
⑤ 点燃式发动机 PM 质量限值仅适用于装直喷发动机的车辆。

欧洲重型汽车排放法规

表2-3

欧洲排放法规	实施日期 型式认证/生产一致性	排放限值[g/(kW·h)]				
		CO 型式认证/生产一致性	HC 型式认证/生产一致性	NO_x 型式认证/生产一致性	PM	
					≤85kW 型式认证/生产一致性	>85kW 型式认证/生产一致性
欧洲Ⅰ号	1993年1月1日/1993年10月1日	4.5/4.9	1.1/1.23	8.0/9.0	0.61/0.68	0.36/0.40
欧洲Ⅱ号	1995年10月1日/1996年10月1日	4.0/4.0	1.1/1.1	7.0/7.0	0.15/0.15	0.15/0.15
欧洲Ⅲ号	2000年10月1日	2.1	0.66	5.0	0.10	0.10
欧洲Ⅳ号	2005年10月1日/2006年10月1日	1.5	0.46	3.5	0.02	0.5
欧洲Ⅴ号	2008年10月1日/2009年10月1日	1.5	0.46	2.0	0.02	0.5
EEV阶段	欧Ⅴ到欧Ⅵ的过渡期	1.5	0.25	2.0	0.02	0.15
欧洲Ⅵ号	2012年12月31日/2013年12月31日	1.5	0.13	0.4	0.01	0.01

注:适用于M_2、M_3、N_1、N_2和N_3类及总质量大于3500kg的M_1类装有压燃式发动机的汽车。机动车辆的分类按ECE《机动车辆的分类及其定义》。

从 1990 年美国清洁空气法修订颁布至今,美国联邦针对轻型机动车辆发布的排放标准有三个阶段:第一阶段排放标准命名为 Tier1,第二阶段排放标准命名为 Tier2,第三阶段排放标准命名为 Tier3。Tier1 于 1991 年发布,1994—1997 年之间分阶段实施;Tier2 于 1999 年发布,在 2004—2009 年之间分阶段实施,相对于 Tier1 给出了更加严格的排放限值,比如机动车寿命延伸至 12 万 mile,为符合 Tier2 的要求,联邦还对机动车提出"补充废气排放标准"的测试要求,进一步缩紧了机动车污染物排放的管控;2014 年,发布标准 Tier3,在 2017—2025 年分阶段实施,Tier3 不仅对各种污染物的排放限值进行大幅度缩减,同时也提出了"车企生产的所有车型平均下来必须满足一定的 NMOG + NO_x 限额",到 2025 年,厂家车队的平均 NMOG + NO_x 排放要达到 30mg/mile。

加州的排放标准主要依照机动车的排放来划分机动车类别,主要进程是:2003 年以前,加州推行 Tier1/LEVI 加州排放标准;2004—2010 年,加州分阶段实行 LEV Ⅱ 加州排放标准;2015—2025 年,加州开始分阶段实行加州 LEV Ⅲ 排放标准。

表 2-4 为美国联邦 Tier3 排放标准,表 2-5、表 2-6 为加州 LEV Ⅲ 排放标准。

美国联邦 Tier3 排放标准 表 2-4

Bin	NMOG + NO_x (mg/mile)	PM (mg/mile)	CO (g/mile)	HCHO (g/mile)	NMOG + NO_x (mg/km)	PM (mg/km)	CO (g/km)	HCHO (g/km)
Bin 160	160	3	4.2	4	99.441	1.865	2.610	2.486
Bin 125	125	3	2.1	4	77.688	1.865	1.305	2.486
Bin 70	70	3	1.7	4	43.505	1.865	1.057	2.486
Bin 50	50	3	1.7	4	31.075	1.865	1.057	2.486
Bin 30	30	3	1	4	18.645	1.865	0.622	2.486
Bin 20	20	3	1	4	12.430	1.865	0.622	2.486
Bin 0	0	0	0	0	0	0	0	0

注:①制造商必须从 7 个可选的"bin"中选择一个等级对汽车进行排放认证,测试循环使用轻型车的排放认证及燃油经济性测试 FTP75,同时满足车队的平均排放标准;

②NMOG 为非甲烷有机化合物。

加州 LEV Ⅲ 排放标准　　　　　　　　　　　　　　　　表 2-5

车辆类别	车辆排放类别	NMOG + NO$_x$（g/mile）	CO（g/mile）	HCHO（mg/mile）	PM（g/mile）
所有乘用车；轻型载货车（GVW≤8500lbs GVW）；中型乘用车辆	LEV160	0.160	4.2	4	0.01
	ULEV125	0.125	2.1	4	0.01
	ULEV70	0.070	1.7	4	0.01
	ULEV50	0.050	1.7	4	0.01
	SULEV30	0.030	1.0	4	0.01
	SULEV20	0.020	1.0	4	0.01
中型车辆（8501lbs≤GVW≤10000lbs）	LEV395	0.395	6.4	6	0.12
	ULEV340	0.340	6.4	6	0.06
	ULEV250	0.250	6.4	6	0.06
	ULEV200	0.200	4.2	6	0.06
	SULEV170	0.170	4.2	6	0.06
	SULEV150	0.150	3.2	6	0.06
中型车辆（10001lbs≤GVW≤14000lbs）	LEV630	0.630	7.3	6	0.12
	ULEV570	0.570	7.3	6	0.06
	ULEV400	0.400	7.3	6	0.06
	ULEV270	0.270	4.2	6	0.06
	SULEV230	0.230	4.2	6	0.06
	SULEV200	0.200	3.7	6	0.06

注：颗粒物测试仅适用于未包括在分阶段引入颗粒物限值指标的 2017 车型年及以后的车辆。

加州 LEV Ⅲ 颗粒物 PM 排放标准　　　　　　　　　　　表 2-6

车辆类型	PM 限值（mg/mile）	实施时间（年）
乘用车；轻型载货车；中型乘用车辆	3	2017—2021
	1	2025—2028
中型车辆（8501lbs≤GVW≤10000lbs）	8	2017—2021
中型车辆（10001lbs≤GVW≤14000lbs）	10	2017—2021

三、日本

日本的汽车尾气排放法规比较特殊,是由不同的法令和法律组合而成的。追根溯源,为了应对汽车排气排放物造成的大气污染问题,日本于1966年由运输省制定了第一部限制使用汽油燃料的汽车排放一氧化碳气体量的标准,采用4工况法控制CO的排放量,随着汽车保有量逐步增加,日本也在不断地修正其汽车尾气排放标准。

1973年,日本对乘员11人以下的客车和总质量小于2500kg的轻型货车改用市区10工况热起动法,增加对HC和NO_x的控制要求,用炭罐收集法控制汽油蒸发。1975年起增加了城郊11工况冷起动试验法,并加严了10工况限值。表2-7为日本轻型车排放标准,表2-8为日本重型货车排放限值。

日本轻型车排放标准　　　表2-7

车型	最大总质量（GVW）(t)	实施年份（年）	CO(g/km) 10工况	CO(g/km) 11工况	HC(g/km) 10工况	HC(g/km) 11工况	NO_x(g/km) 10工况	NO_x(g/km) 11工况	微粒(g/km)
汽油乘用车		1978	2.7	85	0.39	9.5	0.48	6	—
		2000	1.27	31.1	0.17	4.42	0.17	2.5	—
汽油载货车	GVW≤1.7	1981	17	130	2.7	17	0.84	8	
		1988	2.7	85	0.39	9.5	0.48	6	
		2000	1.27	31.1	0.17	4.42	0.17	2.5	
	1.7<GVW≤2.5	1981	17	130	2.7	17.7	1.26	9.5	
		1994	17	130	2.7	17.7	0.63	6.6	
		1998	8.42	104	0.39	9.5	0.63	6.6	
		2001	3.36	38.3	0.17	4.42	0.25	2.78	
柴油载货车	GVW≤1.7	1988	2.7	—	0.62	—	1.26	—	
		1993	2.7	—	0.62	—	0.84	—	0.34
		1997	2.7	—	0.62	—	0.55	—	0.14
		2002	0.63		0.12		0.28		0.052
	1.7<GVW≤2.5	1988	980		670		500	—	—
		1993	2.7		0.62		1.82		0.43
		1997	2.7		0.62		0.97		0.18
		2003	0.63		0.12		0.49		0.06

注:①1994年起改为10.15工况,g/km。

②1993年前1.7~2.5t柴油车为6工况,10^{-6};在1993年后改为10.15工况,g/km。

日本重型货车排放限值　　　　　　　　　　　　　　表2-8

汽车类型		试验工况	CO (g/km)		HC (g/km)		NO$_x$ (g/km)		PM (g/km)
			现行值	目标值	现行值	目标值	现行值	目标值	现行值
汽油车、LPG（液化石油气）车		重型货车（GVW＞2.5t）	13工况	51.0	16.0	1.80	0.58	4.50	1.40	—
柴油车		重型货车（2.5t＜GVW≤12t）	13工况	7.40	—	2.90	—	5.00	—	0.25
		重型货车（GVW＞12t）	13工况	—	—	—	—	5.00	4.50	0.70

注：柴油重型货车NO$_x$现行限值，对直喷柴油车为6.00g/km。

为更有效地减轻大气污染，东京于2003年推出了日本首部专门对PM2.5及其以下颗粒物的法令，甚至严于欧美正在执行的标准。

2006年4月1日，日本开始施行《关于特定特殊机动车排气排放物规制的法律》，俗称《OFF-ROAD法》，该法是日本史上首部对非道路车辆尾气排放进行规制的法律。

2007年5月，日本政府修订了《汽车NO$_x$·PM法》，目的是进一步加大遏制NO$_x$和PM排放的力度。该法规定，在大气污染较为严重的个别交通集中区域和需采取对策的区域内，从2009年初起采取针对该特定区域污染防治的对策以及汽车限行等措施。

2009年9月日本空气质量标准增加了对PM2.5的指标，其标准与美国相同。

日本1989年提出更加严格的汽车排放法规，修改试验规范改为10.15工况，污染物限值标准主要是修改小汽车，特别是柴油乘用车的污染物限值见表2-9。

日本汽车排放限值（1997年以后）　　　　　　　表2-9

汽车类型		试验工况	CO(g/km)		HC(g/km)		NO$_x$(g/km)		PM(g/km)	达标年份（年）
			现行值	目标值	现行值	目标值	现行值	目标值	现行值	
汽油车和LPG车	乘用车	10.15工况	2.1	0.67	0.25	0.08	0.25	0.08	—	2000
	微型车	10.15工况	6.5	3.30	0.25	0.13	0.25	0.13	—	2002
	轻型车（GVW≤1700kg）	10.15工况	2.1	0.67	0.25	0.08	0.25	0.08	—	2000

续上表

汽车类型		试验工况	CO(g/km)		HC(g/km)		NO$_x$(g/km)		PM(g/km)	达标年份(年)
			现行值	目标值	现行值	目标值	现行值	目标值	现行值	
汽油车和LPG车	中型货车(1700kg<GVW≤2500kg)	10.15工况	6.5	2.10	0.25	0.08	0.40	0.13	—	2001
	重型货车(GVW>2500kg)	13工况	51.0	16.0	1.80	0.58	4.50	1.40	—	2001
柴油车	乘用车(整备质量<1265kg)	10.15工况	2.1	16.0	0.40	—	0.50 0.40		0.20 0.08	
	乘用车(整备质量>1265kg)	10.15工况	2.1	—	0.40	—	0.60 0.08		0.20 0.08	
	轻型车(GVW≤1700kg)	10.15工况	2.1	—	0.40	—	0.06 0.40		0.20 0.08	
	中型货车(1700kg<GVW≤2500kg)	10.15工况	2.1	—	0.04	—	1.30 0.70		0.25 0.09	1997 1998
	重型货车(GVW>2500kg)	13工况	7.4	—	2.90	—	4.50	—	0.70 0.25	1998 1999

注:①1997年11月公布的目标限值,对中型汽油车\LPG车的划分:1.7t<GVW≤2.5t;对重型车是:GVW>2.5t;
②柴油车栏中的2行数据,上行是现行限值(平均值),下行是将要实施的限值(平均值);
③柴油重型车NO$_x$现行值,对直喷式柴油机为6.00,对副室式柴油机为5.00。

为减轻大气污染,日本政府2003年3月25日公布了一项柴油车尾气排放标准的法令,对自2005年秋季出售的车辆做出了迄今为止全世界最为严格的规定。这项新法令对能引起呼吸器官不适的氮氧化物,尤其是一种疑为致癌物质的微粒物排放量做出了严格的限制,甚至严于欧美正在执行的标准。对运载量在3.5t以上的大型货车和客车,微粒物的允许排放量由0.18g/(kW·h)减少到0.027g/(kW·h),降低了85%;氮氧化物排放量由3.38g/(kW·h)减少到2g/(kW·h),降低了41%;中小型客运、货运车的标准则是微粒物由0.052~0.06g/(kW·h)减少到0.013~0.015g/(kW·h),降低了75%;氮氧化物由0.28~0.49g/(kW·h)减少到0.14~0.25g/(kW·h),降低了50%。日本环境省认为,新法令的实施将大大减轻大型柴油车辆的污染,并且可以促使人们更多地使用中小型汽油车。

第二节 国内排放标准

与国外先进国家相比,我国汽车尾气排放法规起步较晚、水平较低。根据我国的实际情况,从 20 世纪 80 年代初期开始采取了先易后难分阶段实施的具体方案,其实施至今主要分为三个阶段。

第一阶段:1983 年我国颁布了第一批机动车排气污染物控制标准,这一批标准的制定和实施,标志着我国汽车排气污染物控制法规从无到有,并逐步走向依靠法制治理汽车排气污染的道路,在这批标准中,包括了《汽油车怠速污染排放标准》《柴油车自由加速烟度排放标准》《汽车柴油机全负荷烟度排放标准》三个限值标准和《汽油车怠速污染物测量技巧》《柴油车自由加速烟度测量技巧》《汽车柴油机全负荷烟度测量技巧》三个测量技巧标准。

第二阶段:在 1983 年我国颁布第一批机动车排气污染物控制标准的基础上,在 1989 年全 1993 年又相继颁布了《轻型汽车排气污染物排放标准》《车用汽油机排气污染物排放标准》两个限值标准和《轻型汽车排气污染物测量技巧》《车用汽油机排气污染物测量技巧》两个工况法测量技巧标准。至此,我国已形成了一套较为完整的汽车尾气排放标准体系。值得一提的是,我国 1993 年颁布的《轻型汽车排气污染物测量技巧》采用了 ECE R15—04 的测量技巧,而测量限值《轻型汽车排气污染物排放标准》则采用了 ECE R15—03 限值标准,该限值标准只相当于欧洲 20 世纪 70 年代的水平(欧洲在 1979 年实施 ECE R15—03 标准)。

第三阶段:北京市《轻型汽车排气污染物排放标准》(DB 11/105—1998)的出台和实施,标志着我国新一轮尾气排放法规制定和实施的开始,从 1999 年起北京实施 DB 11/105—1998 地方标准,2000 年起全国实施《汽车排放污染物限值及测试技巧》(GB 14961—1999)(等效于 91/441/1EEC 标准),同时《压燃式发动机和装用压燃式发动机的车辆排气污染物限值及测试技巧》也制定出台。与此同时,北京、上海、福建等省(直辖市)还参照 ISO 3929 中双怠速排放测量技巧分别制定了《汽油车双怠速污染物排放标准》地方标准,这一系列标准的制定和出台,使我国汽车尾气排放标准达到国外 20 世纪 90 年代初的水平。

自 2001 年实施国 Ⅰ 排放标准开始,到现在全面实施国 Ⅵ 排放标准 6b 阶段,我国的车辆排放标准在 20 余年的时间已经历经了 5 次变革与升级。2004 年 7 月 1 日,全国范围内开始实施国 Ⅱ 排放标准;2008 年 7 月 1 日,全国范围内开始实施国 Ⅲ 排放标准;2015 年 1 月 1 日,全国范围内开始实施国 Ⅳ 排放标准;2017 年 7 月 1

日,全面实施国Ⅴ机动车排放标准;2023年7月1日起开始全面实施第六阶段(国Ⅵ6b)。从国Ⅰ提至国Ⅵ,每提高一次标准要求,单车污染量减少30%~50%。

目前,我国在用汽油车和柴油车排气污染物排放限值及测量方法标准为《汽油车污染物排放限值及测量方法(双怠速法及简易工况法)》(GB 18285—2018)和《柴油车污染物排放限值及测量方法(自由加速法及加载减速法)》(GB 3847—2018)。

一、《汽油车污染物排放限值及测量方法(双怠速法及简易工况法)》(GB 18285—2018)

我国于2019年5月1日起实施《汽油车污染物排放限值及测量方法(双怠速法及简易工况法)》(GB 18285—2018),本标准是对《污染物排放限值及测量方法(双怠速法及简易工况法)》(GB 18285—2005)和《确定点燃式发动机在用汽车简易工况法排气污染物排放限值的原则和方法》(HJ/T 240—2005)的修订。本标准规定了汽油车双怠速法、稳态工况法等工况排气污染物的排放限值及测量方法。采用双怠速法检测,排放限值见表2-10;采用稳态工况法,排放限值见表2-11;采用瞬态工况法,排放限值见表2-12;采用简易瞬态工况法,排放限值见表2-13。

双怠速法检验排气污染物排放限值　　表2-10

类别	怠速		高怠速	
	CO(%)	HC($\times 10^{-6}$)	CO(%)	HC($\times 10^{-6}$)
限值 a	0.6	80	0.3	50
限值 b	0.4	40	0.3	30

稳态工况法检验排气污染物排放限值　　表2-11

类别	ASM5025			ASM2540		
	CO(%)	HC($\times 10^{-6}$)	NO_x($\times 10^{-6}$)	CO(%)	HC($\times 10^{-6}$)	NO_x($\times 10^{-6}$)
限值 a	0.50	90	700	0.40	80	650
限值 b	0.35	47	420	0.30	44	390

瞬态工况法检验排气污染物排放限值　　表2-12

类别	CO(g/km)	HC + NO_x(g/km)
限值 a	3.5	1.5
限值 b	2.8	1.2

简易瞬态工况法检验排气污染物排放限值　　　　　表2-13

类别	CO(g/km)	HC①(g/km)	NO_x(g/km)
限值 a	8.0	1.6	1.3
限值 b	5.0	1.0	0.7

注：①对于装用以天然气为燃料点燃式发动机汽车，该项目为推荐性要求。

二、《柴油车污染物排放限值及测量方法(自由加速法及加载减速法)》(GB 3847—2018)

2019年5月1日起实施《柴油车污染物排放限值及测量方法(自由加速法及加载减速法)》(GB 3847—2018)，本标准是对《车用压燃式发动机和压燃式发动机汽车排气烟度排放限值及测量方法》(GB 3847—2005)和《确定压燃式发动机在用汽车加载减速法排气烟度排放限值的原则和方法》(HJ/T 241—2005)的修订。本标准规定了柴油车自由加速法和加载减速法排气污染物的排放限值及测量方法，在用汽车和注册登记排放检验排放限值见表2-14。

在用汽车和注册登记排放检验排放限值　　　　　表2-14

类别	自由加速法 光吸收系数(m^{-1})或不透光度(%)	加载减速法 光吸收系数(m^{-1})或不透光度(%)①	加载减速法 氮氧化物($\times 10^{-6}$)②	林格曼黑度法 林格曼黑度(级)
限值 a	1.2(40)	1.2(40)	1500	1
限值 b	0.7(26)	0.7(26)	900	1

注：①海拔高于1500m的地区加载减速法可以按照每增加1000m增加$0.25m^{-1}$幅度调整，总调整不得超过$0.75m^{-1}$；

②2020年7月1日前限值 b 过渡限值为1200×10^{-6}。

通过上述两项标准可以看出，对机动车尾气排放物进行限制的种类主要为HC、CO、NO_x、PM，所以本书主要研究能对HC、CO、NO_x、PM产生造成影响的装置和控制系统，并对其提出维护要求。

第三节　主要城市排放控制措施

随着北京、上海、广州、深圳等一线城市经济快速发展，机动车保有量也在持续

汽车排放性能维护技术

增长。根据公安部交通管理局年鉴数据显示,截至2022年12月,北京市机动车保有量达到622万辆,上海市机动车保有量达到475万辆,广州市机动车保有量达到331万辆,深圳市机动车保有量达到382万辆。机动车保有量的飞速增长促进了经济社会发展,提高了广大市民生活质量,但也造成了一定程度的大气污染,危害城市居民的身体健康。机动车排放的污染物种类很多,据初步统计就有一百多种,其中主要的污染物有:CO、HC、NO_x、SO_2、Pb、PM等。目前,机动车尾气排放已成为北京、上海、广州、深圳等经济发达城市的主要空气污染源,其污染物分担率总体达46%左右,在市中心区域的分担率达70%左右。机动车尾气排放影响人们的生活质量,也给社会经济的可持续发展带来了极为不利的影响,各地方政府都在采取措施制定机动车排放法规,控制机动车的排放,改善和恢复城市空气质量。

一、北京机动车排放控制措施

1. 制定严格排放标准

北京市于1994年制定了第一个严于国家机动车排放标准的地方标准——《汽油车双怠速污染物排放标准》(DB 11/044—1994)。北京市环境保护局和北京市质量技术监督局于2010年1月12日联合发布了《在用柴油车加载减速烟度排放限值及测量方法》(DB 11/121—2010)、《在用汽油车稳态加载污染物排放限值及测量方法》(DB 11/122—2010)、《在用三轮汽车和低速货车加载减速烟度排放限值及测量方法》(DB 11/183—2010)等机动车排放地方标准,这些排放标准既包括了轻型汽车、重型汽(柴)油车、摩托车,还包括了农用运输车和运输用拖拉机。对于新生产的轻型汽车、重型柴油车,以及摩托车沿用了欧洲标准体系,对于重型汽油车则移植采用了美国标准体系。

对于轻型汽车排放控制,北京市从1999年1月1日起直接执行欧洲Ⅰ号排放标准。满足这一排放标准的主要技术措施是车辆要采用闭环电子燃油喷射系统并带有三元催化转换器。对于重型柴油车,自2000年1月1日起也开始执行欧洲Ⅰ号排放标准,重型汽油车也于2000年起执行新的排放标准,摩托车从2001年1月1日起执行新标准。经国务院批准,北京市自2002年8月1日起,开始执行更加严格的机动车排放标准(相当于欧洲Ⅱ号排放标准);于2005年12月30日起实施了《轻型汽车污染物排放限值及测量方法(中国Ⅲ、Ⅳ阶段)》(GB 18352.3—2005)中的第三阶段排放控制要求;自2008年3月1日起,对在北京市销售和注册的轻型点燃式发动机汽车实施国家排放标准《轻型汽车污染物排放限值及测量方法(中国Ⅲ、Ⅳ阶段)》(GB 18352.3—2005)中的第四阶段排放控制要求;自2008年7月

1日起,对在北京市销售和注册的公交、环卫、邮政使用的重型压燃式发动机汽车和重型气体燃料点燃式发动机汽车,实施国家排放标准《车用压燃式、气体燃料点燃式发动机与汽车排气污染物排放限值及测量方法(中国Ⅲ、Ⅳ、Ⅴ阶段)》(GB 17691—2005)中的第Ⅳ阶段排放控制要求(其他用途的重型压燃式发动机汽车和重型气体燃料点燃式发动机汽车仍执行国Ⅲ标准),并要求安装监测控制NO_x排放的车载诊断系统(OBD)。2012年5月7日正式发布北京市第Ⅴ阶段《车用汽油》(DB 11/238—2012)、《车用柴油》(DB 11/239—2012)标准,2012年8月1日起全面供应符合第Ⅴ阶段标准的汽柴油,并力争尽早与国际水平接轨。2020年1月1日起,北京开始实施国Ⅵ排放标准。2023年10月,北京市生态环境局发布了《关于执行国家在用汽油车和柴油车排放标准限值b的通告》,要求自2024年7月1日起,北京市注册登记的汽车或在北京市进行排放检验(包括定期排放检验和监督抽测)的在用汽车,排气污染物检测应符合国Ⅵ排放标准规定的限值b相关要求。

2. 在用车排放检测与维护控制

北京市在用车排放检查工作包括:定期检查、路边检查、入户检查及外地进京和过境车辆的检查。检查内容包括尾气排放测试和目视检查(即排放控制装置的外观检查),对在用车的定期排放检查在全市机动车检测场中进行。为克服怠速法和自由加速法在检测技术上的缺陷和不足,自2002年起在部分机动车检测场,对部分车辆采用了更加严格的测试方法——使用底盘测功机的简易工况法进行排放检测。对排放不合格车辆,要进行维修治理,复测达标后方可通过。对道路行驶车辆的排放检查主要采用双怠速法、自由加速法及目视检查,对不合格车辆,要暂扣车辆证照,治理达标后方可继续上路行驶。入户检查主要是针对大型车队(如公交、出租汽车车队等)的车辆进行排放检查,对排放超标车辆,由生态环境部门发限期治理通知书并罚款。对进入北京或过境的排放超标外地车辆,要劝其离境。通过对在用车的排放检查,可促使驾驶员和车辆所有者提高环保意识,增强对车辆进行维修的自觉性,减少上路行驶车辆的排放污染。

为使车辆所有者能得到良好的维修服务,特别是使排放超标车辆能得到及时的维修治理,北京市规定所有在京销售机动车的汽车制造厂必须设立维修站,承担维修治理工作,否则不准在京销售机动车。排放超标车辆应到汽车制造厂设立的维修站,或汽车维修管理部门确定的有资格的维修企业进行维护修理。维护修理必须按汽车制造厂或国家规定的维修技术规范进行,并要保证维修后的车辆排放达标。

新车在正常使用情况下,在行驶2年或5万km范围内排放超标的,汽车制造厂要负责免费维护修理;超过规定范围或需安装净化装置的,其费用由用户自付。净化装置的使用,由各汽车制造厂选定,并报北京市环境保护局登记备案。净化产品要保证机动车在正常使用情况下,行驶2年或5万km内排放达标。不符合规定的产品,北京市环境保护局将根据有关法规进行处罚,停止其使用或在京销售。

自1999年1月1日起,北京市环境保护局不再认定机动车排气排放物治理维修厂家。凡尾气排放超标的机动车应到北京市交通运输委审批的、汽车制造厂指定的特约维修站或一、二类维修企业维修治理或安装净化装置。维修出厂的机动车要保证正常使用情况下,在行驶1年或2万km内排放达标。路检不合格车辆,须到其特约维修站或一、二类汽车维修企业维护修理、安装排气排放物净化装置。维修治理后或安装排气排放物净化装置的车辆,应到北京市环境保护局指定地点进行复检。

执行严格的新车排放标准可有效减少新车污染,加强对在用车的检查和维修可保持在用车排放性能稳定,但仅靠上述两项措施,难以使空气中NO_x、CO等污染物浓度在短时间内出现明显下降。要想使城市环境空气质量尽快得到改善,就要在短期内大幅度削减机动车排放总量,措施之一就是对部分高排放车辆进行技术改造,使其排放降低。由于北京空气污染主要出现在市区,市区行驶的机动车主要是公交大型客车和小型客车,而具备改造技术条件的也正是这部分车。北京市曾进行过在用车改造:一是车辆改用液化石油气(LPG),主要对象是公交大型客车和出租小型客车,车辆改用LPG后可在一定程度上减少CO、HC排放;二是所有车辆采取加装闭环空燃比控制系统和三元催化转换器的改造,改造前后对比车辆排放可降低70%左右。在用车改造是减少机动车排放污染的补救措施,当新车排放控制走上正轨,更多的低排放新车投入使用,污染严重的老旧车辆将逐步淘汰,在车辆更新替换形成良性循环后,在用车改造将失去意义,因此在用车改造只可作为阶段性控制措施。

根据北京市《2015年清洁空气行动计划》中相关任务,2015年8月,北京市交通运输委运输局机动车维修管理处在房山区交通局组织召开了检测与维修(I/M)制度区域性试点工作部署会议,部署了"关于在房山区组织开展为期两个月的汽车检测与维修(I/M)制度区域性试点工作方案",为I/M制度的进一步实施奠定了基础。截至2023年8月,北京市汽车维修企业5038家,其中一类汽车维修企业876家,二类汽车维修企业1298家,三类维修企业2864家,占比分别为17.39%、25.76%、56.84%。结合《通知》要求,北京市将取得汽车维修经营备案的一、二类汽车维修企业和从事发动机维修的三类汽车维修企业,认定为汽车排放性能维护(维修)

站。与北京市生态环境局开展I/M制度联动,实现数据交互,以《机动车维修竣工出厂合格证》作为复检凭证,对超标排放汽车进行闭环管理。定期与市生态环境局开展会商、信息通报、联合监管等联防联控工作机制,确保I/M制度扎实有效落地。

3. 其他控制措施

北京市在机动车排放污染控制方面还采取了其他一些管理措施,如实行机动车环保标志管理、淘汰老旧车辆、对高污染车限制行驶,以及采取适当的经济刺激手段来减少道路交通污染等。

自2001年起对达不到欧洲Ⅰ号排放标准的轻型车发放黄色标志,规定无环保标志的车辆不得上路行驶,并继续实施"黄标车"淘汰鼓励政策,与国家汽车以旧换新政策同步执行。自2015年12月20日起,将《北京市交通运输委 北京市环境保护局 北京市公安交通管理局关于部分机动车采取交通管理措施降低污染物排放的通告》(京交发〔2014〕29号)规定的"黄标车"全天禁止进入六环路(含)以内道路和远郊区县城关镇主要道路行驶的限行范围,进一步扩大到"黄标车"全天禁止在本市行政区域内行驶。对违规上路的"黄标车",认定为"违反禁令指示标志行驶"违法行为。

为减少柴油车排放污染,北京市环境保护局开展了在用柴油车排放治理改造技术及产品示范项目,并于2006年3月23日下发了《关于开展在用柴油车排放治理技术及产品示范项目的通知》,向社会公开征集在用柴油车排放治理技术及产品。北京市对一些排放污染严重的机动车采取了限行措施,自2017年9月21日起,在六环路(含)内设立载货汽车低排放区,对高污染车按时段在划定的区域内禁行。在经济刺激手段方面,采取了城市中心区提高停车收费标准,目的之一是减少市区车流量,从而减少市区交通污染。

2022年,北京市委、市政府印发了《关于深入打好北京市污染防治攻坚战的实施意见》,提出要持续打好柴油货车污染治理攻坚战。深入实施清洁柴油车(机)行动,基本淘汰国Ⅳ排放标准重型营运柴油货车,在本市部分区域禁止使用高排放非道路移动机械。大力推进公共交通、公务用车等领域电动化进程,加快纯电动或氢燃料电池货车示范应用。

二、上海机动车排放控制措施

1. 制定严格排放标准

上海从1999年7月1日起直接执行欧洲Ⅰ号排放标准。满足这一排放标准的主要技术措施是车辆要采用闭环电子燃油喷射系统并带有三元催化转换器。经国务院批准,上海自2003年1月1日起,提前全国2年开始执行更加严格的机动车排放标准(相当于欧洲Ⅱ号排放标准),2004年1月1日起,重型汽车执行排放标准相当于欧洲第Ⅱ阶段水平。上海于2006年2月5日实施《在用点燃式发动机轻型汽车简易瞬态工况排气污染物排放限值》(DB 31/357—2006),且于2006年7月31日起,上海的公交、出租汽车行业新车提前实施国家机动车第Ⅲ阶段排放标准,以促进公共交通行业机动车排放状况的改善。2007年7月1日起实施了《在用压燃式发动机汽车加载减速法排气烟度排放限值》(DB 31/379—2007),同国家政策同步,分别对总重大于3.5t的柴油车、天然气汽车及液化石油气汽车和总重小于3.5t的汽车实施第Ⅲ阶段排气污染物排放标准,国Ⅲ标准中规定了按第Ⅱ阶段标准生产的机动车产品允许有1年的过渡期进行销售和注册登记,过渡期结束后,分别从2008年1月1日及7月1日起,达不到第Ⅲ阶段排放标准的新车一律不得销售、注册登记和投入使用。

上海于2009年11月1日起,对在上海市新注册登记牌证的所有轻型汽油车,以及在上海市使用的公交、环卫、邮政、市政建设用车,提前实施国家机动车第Ⅳ阶段排放标准,同时,停止销售、注册达不到排放标准的车辆。为保证车辆使用过程中稳定达到排放限值要求和排放控制装置的耐久性,所有满足国家第Ⅳ阶段排放标准的新车,必须要同步安装车载诊断系统(OBD),柴油车及天然气汽车还要求监控NO_x排放。上海市环境保护局和各相关部门将对在上海市销售的汽车开展在用车排放符合性检查,对不符合上述标准的机动车停止办理车辆注册登记手续。

上海于2014年4月30日实施国Ⅴ排放标准,通过优化缸内燃烧和提高催化剂转化能力等技术途径减少NO_x和HC排放。为贯彻落实《中华人民共和国大气污染防治法》和《上海市大气污染防治条例》规定,根据生态环境部《关于发布国家污染物排放标准〈重型柴油车污染物排放限值及测量方法(中国第六阶段)〉的公告》(公告2018年第14号)的要求,自2023年7月1日起,上海市对办理注册登记(含外省市转入,下同)的重型柴油车实施国Ⅵb阶段排放标准。对2023年7月1日后(含当日)销售或转入的国Ⅵa阶段及以下排放标准重型柴油车,停止办理注册登记。

2.在用车排放检测与维护控制

2004年底,上海已建成营运车辆简易工况法检测网络,加强重点营运行业环保检测机构简易工况法排放检测设施的升级改造,加强现行的检测/维护(I/M)制度运行和监管,完成机动车环保检测机构信息系统与监管平台的建设,实现简易工况法排放检测的数据查询和过程监控,有效提高机动车环保检测的监管水平,有效降低在用车污染排放水平。

上海市加大机动车在使用过程中的检查和监管力度,继续依托市区二级机动车执法检查队伍,会同市公安交警总队,加大机动车在使用过程中的排污检查和监管力度,配合上海市"黄标车"淘汰更新补贴及区域限行。同时,进一步加强执法队伍的能力建设,在全市主要交通路口设置遥感实时监测设备,制定遥感检测技术规范和排放限值,提升道路执法抽查的技术手段。加强道路空气污染监测和预警,为科学评估上海市道路交通污染现状与防治措施效果,在全市主要交通干道和路口设置道路空气质量监测点,开展道路交通环境的定点监测。开展机动车污染的实时预警研究,为 PM2.5 和 O_3 污染防控提供技术手段。

2019 年 11 月,上海市生态环境局会同市道路运输管理局研究制定了《上海市推进实施机动车排放检验与强制维护制度(I/M 制度)工作方案》,要求依托部门数据共享和互联网信息技术,到 2019 年底建立并初步完善机动车 I/M 制度和工作机制,形成覆盖全市的超标机动车维修治理体系,实现检验—维修—复检闭环管理。

截至 2020 年 7 月 31 日,上海市治理排气污染物超标汽车共计 26285 辆次。通过数据分析发现重复维修问题,对上海市 8 个行政区 13 家具有资质的 M 站开展了针对性上户检查,责令其严格执行机动车维修管理规定和相关服务规范,切实保障消费者权益。经优化调整后上海市符合规定的 M 站共有 475 家,目前经 M 站治理的车辆上线复检合格率达 85% 左右。

3. 其他控制措施

上海于 2012 年 1 月 10 日起正式启动了全国统一的环保检验合格标志核发工作。推动"黄标车"淘汰的举措包括实施"黄标车扩大限行"和"黄标车提前淘汰补贴"两大政策。

结合全市机动车环保标志的核发进度,分阶段扩大"黄标车"限行范围,适时推出"黄标车"限行政策,控制"黄标车"对城市尤其是中心城区的污染。2015 年 9 月,上海市交通运输委、环境保护局、公安局发布《关于在全市范围内限行黄标车的通告》(沪交科〔2015〕985 号),要求自 2015 年 10 月 1 日起,全天禁止无国家绿色环保检验合格标志的机动车辆在全市辖区内的所有道路上行驶。自 2023 年 4 月 1 日起,国Ⅲ排放标准柴油货运机动车全天 24h,上海市辖区内的所有道路禁止通行。

上海在"以旧换新"政策实施的基础上,持续开展"黄标车"淘汰奖励政策,进一步完善"黄标车"淘汰补贴政策,加大"黄标车"淘汰力度。上海市车龄在 10 年以上的"黄标车"若以国Ⅳ排放标准新车替代,预计每年可削减污染物排放量超过3万t,对改善城市环境空气质量将起到很大的推动作用。截至2022年9月,上海市已全面淘汰黄标车33万多辆,提前淘汰老旧车12.5万辆,淘汰国Ⅲ排放标准柴油车将近9万辆。

2023年7月,《上海市人民政府办公厅关于印发〈上海市清洁空气行动计划(2023—2025年)〉的通知》(沪府办发〔2023〕13号)中提出,2025年底前,全面淘汰国Ⅲ排放标准的营运柴油货车,研究国Ⅳ排放标准柴油货车提前报废有关政策。

三、广州机动车排放控制措施

1. 制定严格排放法规

广州历来重视机动车排气污染防治问题。为逐步改善广州大气环境质量,保障市民身体健康,广州市曾于1997年8月发布《关于强化治理机动车排气污染的通告》,在此基础上,1997年9月广州市第十届人民代表大会常务委员会第三十六次会议制定《广州市机动车排气污染防治规定》,这是全国第一部机动车排气污染防治的地方性法规,明确规定了各相关单位和个人的职责。广州市人大于2008年先后出台了《关于全面推广使用国Ⅲ标准车用燃油的通告》《关于实施机动车环保标志管理的通告》和《关于逐步限制高排放(高污染)汽车通行的通告》,严格规范机动车排放标准和强化环境标志管理政策。在2009年6月4日发布的地方标准《在用点燃式发动机轻型汽车排气污染物排放限值》基础上,加强了对新车的管制,对新车的登记执行更加严格的排放标准。2015年12月31日起,轻型汽油车及公交、环卫、邮政行业重型柴油车执行国Ⅴ标准;2018年9月1日和12月1日起,分别全面供应国Ⅵ标准车用柴油和汽油;2019年7月1日起执行轻型汽车国Ⅵ排放标准。自2023年7月1日起,全面实施国Ⅵ排放标准6b阶段,禁止生产、进口、销售不符合国Ⅵ排放标准6b阶段的汽车。

2. 在用车排放检测与维护控制

2007年,《广州市机动车排气污染防治规定》明确对广州市机动车实施排气污染定期检测和强制维护制度(即I/M制度),这一法规的施行,深化了机动车排气污染防治工作,进一步改善了环境质量,为创建国家环境保护模范城市提供了强有力的法治保障。2010年,广州市环境保护局联合市交通、公安等部门又联合印发《关于实施机动车排气污染定期检查与强制维护制度的通告》,要求机动车必须定期进行排气污染监测,检验不符合排放标准的,应选择具有资质的机动车维修企业进行维修;确定政府部门及企业主体职责分工、检测方法、排放标准、信息联网上传等管理规则。为解决 I/M 制度重检测、轻维修的弊端,广州市自 2011 年 6 月 1 日起实施 I/M 制度起,将强制维护作为整个制度的重要组成部分进行行业管理。

2019 年,广州市修订了《广州市机动车排气污染防治规定》,要求建立机动车排气污染防治协调制度,实行排气污染定期检查与维护制度,禁止排放检验不合格的机动车上路行驶。

2022 年,广州市生态环境局、交通运输局、市场监督管理局、公安局联合发布《关于实施机动车排放检验与维护制度的通告》,要求机动车经排放定期检验、监督抽测不符合排放标准的,应选择具有一类、二类机动车维修经营资质的维修企业和从事发动机维修的三类机动车维修企业进行维修,并经复检达标排放。公安机关交通管理部门、市场监督管理部门、交通运输管理部门和生态环境主管部门应建立机动车安全技术检验机构联合监管长效机制,严厉打击检验机构弄虚作假检验行为,促进该行业的健康发展。

3. 其他控制措施

广州从 2007 年 1 月起启动了机动车环保标志管理工作,于 2008 年 12 月 29 日发布《广州市人民政府关于实施机动车环保标志管理的通告》,以环保标志为载体,根据车辆的排放控制水平和用途,实行差别化管理和环保达标管理的污染控制措施。环保标志由环境保护部门统一制作和核发的,分绿色标志和黄色标志两类。未持有有效环保标志的机动车,全天 24h 禁止在市行政区域内通行。对全市机动车排气污染进行定期检查与强制维护,经检测不符合排放标准的,环境保护部门不得核发环保标志。从 2009 年 1 月起全面实施了机动车环保标志管理,分阶段实施"黄标车"限行措施,推进淘汰"黄标车"工作。

在群众举报的"黑烟车"中,外地籍车辆占有相当大的比例。广州市作为沿海经济发达地区,本市自有车辆增长的同时,外地车辆数量每年迅速激增,据统计,每天途经广州市的外地车辆约为 60 万辆,其中进入广州中心城区的外地车辆每天超过 6.5 万辆,这些外地车辆中不少是低于国Ⅰ标准的高排放汽车。1 辆达不到国Ⅰ标准的"黄标车"污染物排放量,相当于国Ⅴ标准汽车的 37 倍;1 辆国Ⅰ、国Ⅱ标准柴油"黄标车"的污染物排放量,分别相当于国Ⅴ标准汽车的 7.8 倍和 5.5 倍。从 2008 年 9 月 15 日起,广州市开始对外地车核发环保标志。广州市加强对外地车辆的监管,对没有环保标志的实行限行。广州市责令在市区停留 7 日以上的外地牌照车辆缴通行费,缴费车辆应将缴费票证收据及通行标志保留至出境,同时防止外地不达标的旧车过户进入市区,冲击广州新车市场,干扰新车标准的执行。

为鼓励提前报废"黄标车",进一步减少机动车污染,2014年,广州市环境保护局等五部门印发《广州市鼓励提前报废黄标车奖励实施办法》,根据不同车型和注册登记时间,奖励标准分3个档次,36个等级。

2017年7月1日起,广州市在全市行政区范围内实施"黄标车"24h禁行措施,并与珠三角兄弟城市(深圳、珠海、佛山、东莞、中山、江门、惠州、肇庆)对"黄标车"联网执法。截至2017年10月,广州市仍有近1万辆剩余"黄标车",但全市已经24h禁行"黄标车",而且无法通过迁移至外地的方式继续使用。

根据《广州市人民政府关于实施国Ⅲ排放标准柴油货车限制通行交通管理措施的通告》(穗府规〔2023〕3号)的规定,自2026年1月1日起,在广州市行政区域内,全天禁止国Ⅲ排放标准柴油货车通行。

四、深圳机动车排放控制措施

1. 制定严格排放法规

近年来,深圳从源头控制、在用监管、末端淘汰、综合配套等环节,全面开展机动车污染治理工作。通过不断提高车用燃油品质和机动车排放标准,近10年来,深圳市在机动车数量增加了6倍的形势下,机动车排污总量仅增加了2倍,有效遏制了机动车排气污染。深圳市从2007年4月起在国内率先推广应用国Ⅲ用油,从2011年1月起推广应用国Ⅳ汽油;从2007年7月起对新车上牌执行国Ⅲ排放标准,从2010年9月起对轻型汽油车和重型燃气汽车上牌执行国Ⅳ排放标准。深圳市人居环境委员会《关于执行第五阶段国家机动车大气污染物排放标准的通告》指出,自2015年12月31日起,深圳市销售、注册和转入的轻型点燃式发动机汽车以及公交、环卫、邮政行业重型压燃式发动机汽车将按照国Ⅴ标准执行。2018年10月16日,深圳市人居环境委员会和深圳市公安交警局联合发布了《深圳市人居环境委员会 深圳市公安局交通警察局关于轻型汽车执行第六阶段国家机动车大气污染物排放标准的通告》(深人环规〔2018〕4号),主要内容包括:一是2018年11月1日(含)起,在深圳市注册登记、外地转入的变更登记和转移登记的轻型压燃式发动机汽车应当符合国Ⅵ标准;二是自2018年12月31日(含)起,在深圳注册登记、外地转入的变更登记和转移登记的轻型点燃式发动机汽车应当符合国Ⅵ标准;三是对于政策实施前已购置或外地转出的轻型国Ⅴ标准车辆设置2个月的办理缓冲期;四是对于珠三角地区内的轻型国Ⅴ标准车辆设置2个月的过渡期。轻型汽油车于2019年7月1日实施国Ⅵ标准,重型柴油车于2023年7月1日实施国Ⅵ标准。

2. 在用车排放检测与维护控制

1996 年,深圳市就发布了《深圳经济特区机动车排气污染防治规定》,要求市运输行政管理部门对所维修机动车的排气污染防治实施行业监督管理。市环境保护部门应加强对排气污染检测的监督管理和技术指导,会同市技术监督管理部门对生产、销售的机动车及车用发动机产品实行排气污染抽检,会同市运输行政管理部门对维修的机动车及车用发动机实施排气污染抽检。

推广简易工况法排气检测新标准。根据欧美日发达国家和地区,以及中国香港、新加坡等城市经验,实施在用车检测与强制维护制度(I/M)是控制在用车排放污染的重要手段,也已经证明是行之有效的方法,推行简易工况法检测则是该制度实施的核心内容。按照国家和广东省政府统一部署,深圳市从 2011 年 10 月起全面执行简易工况法排气检测新标准,措施更严、标准更高、力度更大。

截至 2023 年 8 月,深圳市参加排放定期检测的车辆年均 100 万辆以上,近万辆排放检测超标车辆经强制维护后复检达标。深圳市生态环境部门实施"一二三"工作法,持续推进机动车排放检验规范化,筑牢机动车污染防治严密防线。2023 年 11 月 15 日至 2024 年 1 月 15 日,深圳市生态环境综合执法支队组织开展了为期两个月的秋冬季机动车污染治理攻坚行动,铁腕推进机动车尾气污染防治各项措施,取得积极成效。

3. 其他控制措施

2014 年,深圳市人居环境委、交通运输委、公安交警局联合发布《关于对未取得绿色环保分类标志的机动车采取第二十阶段限行措施通告》,在福田区、罗湖区、南山区、盐田区内对"黄标车"采取全时段限行措施,即全时段不允许上路行驶,限行范围为上述行政区域内所有道路。同时,按照《深圳市大气环境质量提升计划》的要求,深圳市人居环境委采取了加大报废力度、出台鼓励政策、严格限行措施、加强在用车监管、淘汰公务"黄标车"五大综合措施,"黄标车"淘汰速度明显加快。

2015 年 1 月 1 日至 2015 年 6 月 30 日,深圳市对"黄标车"实施第 21 阶段限行措施,市行政区域内所有道路 24h 禁止"黄标车"通行,在本市登记注册且取得《道路运输证》的营运车辆除外。

第三章
CHAPTER 3

汽车排放污染物生成机理及控制技术

汽车排放污染物来源于发动机中燃油的燃烧,它包含许多成分,且生成的条件各有不同。要研究汽车排放污染物控制,首先必须分析汽车排放污染物的生成机理,并在此基础上开展研究。

第一节 排放污染物生成机理

一、排放污染物

汽车排放污染物中除完全燃烧产物外,还有不完全燃烧产物和燃烧反应的中间产物,包括一氧化碳(CO)、碳氢化合物(HC)、氮氧化物(NO_x)、二氧化硫(SO_2)、颗粒物(PM)、臭气(甲醛、丙烯醛等)等。这些污染物质的总和,在柴油机中占不到废气总量的1%,在汽油机中随不同工况变化较大,有时可达5%左右,它们中大部分是有毒的,或有强烈的刺激性、臭味和致癌作用,因此被列为有害成分。

汽车排放污染物主要有三个来源:一是发动机排气管排出的废气,亦称排气污染物,大约55%的HC和绝大部分的CO、NO_x、SO_2及PM都是从排气管中排出的;二是曲轴箱窜气,主要是HC,约占25%,也有少量的CO、NO_x及SO_2;三是燃油系统油气蒸发,大约20%的HC就是汽油从供油系统蒸发散入大气的。目前排放法规限制的主要是CO、HC、NO_x、PM,因此以下主要对这四种排放物的生成机理进行分析研究。

二、排放污染物生成机理

汽车污染物排放主要与发动机混合气形成、燃烧过程及燃烧结束后在排气过程中后处理有关。汽油发动机(简称"汽油机")和柴油发动机(简称"柴油机")的燃烧特点不同,因而它们的污染物生成机理也不同,由于混合气形成和燃烧特点不同,柴油机排放中炭烟等微粒污染物比汽油机多几十倍,NO_x的浓度比汽油机约低50%,CO、HC排放也较少。表3-1所示为汽油机与柴油机排放污染物的比较。从表中可以看出,汽油机排放污染物主要是CO、HC和NO_x,而柴油机排放污染物主

要是颗粒物和 NO_x。

汽油机与柴油机排放污染物的比较 表3-1

成分	汽油机	柴油机
CO(%)	0.1~6	0.05~0.50
HC($\times 10^{-6}$)	2000	200~1000
NO_x($\times 10^{-6}$)	2000~4000	700~2000
颗粒物(g/m^3)	0.005	0.15~0.30

1. 一氧化碳(CO)

CO 是汽车排气中有害物浓度最大的成分,CO 的生成主要与混合气的混合质量及其浓度有关,CO 产生原因如下:

(1)燃料不完全燃烧。

CO 是烃类燃料在燃烧过程中由于缺氧而不能完全燃烧的中间产物,理论上当空燃比 $A/F=14.7$ 时,烃类燃料能完全燃烧,生成 CO_2 和 H_2O;而当 $A/F<14.7$ 时,即混合气过浓时,燃料就不能完全燃烧,会生成中间产物 CO;当 $A/F>14.7$ 时,氧气过剩,排气中不会有 CO,而有剩余氧。

(2)混合气混合不均匀。

理论上在富氧燃烧($A/F>14.7$)时,排气中 CO 不存在,而代之产生 O_2。但实际上混合气不可能绝对均匀,总会有过浓区,加上进气管壁面上有汽油膜存在,油膜随进气边流动边蒸发,也会造成混合气不均匀,而且各汽缸均匀性不等,都会导致 CO 产生。

(3)CO_2 和 H_2O 在高温时离解。

即使燃烧时有足够的氧气,且混合气混合得很均匀,但由于汽缸内燃烧后的温度很高。当温度超过2000℃时,已经生成的 CO_2 也会有一小部分产生高温离解反应,温度越高,离解反应越剧烈,生成的 CO 越多。H_2O 在高温时也会分解成 H_2 和 O_2,H_2 参加燃烧反应,会使 CO_2 还原成 CO。

由此可见,CO 在燃烧过程中形成的原因主要可以归结为氧的不足,一旦它形成,如不能及时在燃烧过程中获得氧的补充就会以不完全氧化状态排出机外。

2. 碳氢化合物(HC)

发动机排气中的 HC 成分极其复杂,有未参加燃烧的燃油碳氢化合物分子,有燃烧过程中高温分解和合成的中间产物和部分氧化物(如醛、烯及芳香族烃等),不完全燃烧产物以及润滑油的碳氢化合物等成分,种类达200余种。HC 在汽油机和柴油机中的生成机理有所不同，这主要是因为两者的混合气形成和燃烧方式不同；另外，非排气 HC 也是不可忽视的污染源。

(1) HC 在汽油机中的生成机理。

在以预制均匀混合气进行燃烧的汽油机中，HC 和 CO 一样，也是一种不完全燃烧（氧化）的产物，因而与过量空气系数 λ 有密切关系，但即使在 $\lambda \geq 1$ 的条件下，往往也会因为淬熄和吸附等其他原因，产生很高的 HC 排放。

①燃烧不完全。

未燃 HC 的生成量受发动机燃烧条件的影响很大。当空燃比处于稍大于理论空燃比的情况下，排气中未燃 HC 的含量很少。如果空燃比小于或远大于理论空燃比，未燃 HC 的排放量都会提高。空燃比太小，相对燃料来说氧气不足，氧化反应不完全，使未燃 HC 排出量增加。此外，混合气过浓，燃烧时单位容积的发热量大，发动机燃烧室内部的温度提高，还没有与氧发生化学反应的 HC 容易发生热分解，由热分解生成的各种低分子量 HC，如果在燃烧室内得不到氧化就会成为未燃 HC 排入大气。混合气过稀时，缸内会发生部分循环失火或完全失火，也会产生未燃 HC。

燃烧不完全现象特别容易发生在发动机怠速和低负荷低速工况，此时缸内残余废气量大，燃烧速率下降，火焰不能传遍整个燃烧室，会发生大面积的可燃混合气淬熄现象，使未燃 HC 排放量剧增。这种现象在混合气浓度严重超出可燃界限、点火系统不良、废气再循环（Exhaust Gas Recirculation, EGR）太多以及某些过渡工况时，更会严重发生。

②燃烧室内的缝隙效应。

燃烧室内存在着很多缝隙，如活塞顶岸部与缸壁之间，以及一二活塞环背后组成的缝隙，这部分占总缝隙的 80%，其他缝隙处有汽缸盖垫接合面处、火花塞螺栓处、进排气门头部周围。缝隙对 HC 的生成起着重要的作用。当缸内压力升高时，会将一部分未燃的可燃混合气压至缝隙中，由于缝隙很窄，面容比大，混合气流入缝隙中被双壁冷却，火焰无法传入缝隙中，使其中存在的燃油（也包括润滑油）不能燃烧，于是形成未燃 HC，当做功、排气行程中缸内压力降低时，未燃 HC 从缝隙中排出。研究表明，有 5%～10% 新鲜混合气会由于缝隙效应躲过火焰传播的燃烧过程。这种缝隙效应是未燃 HC 的重要来源。

在燃烧室中还存在着缸壁淬冷效应。火焰传到冷的缸壁使火焰传播中断，缸壁淬熄作用造成未燃 HC 产生。但近年来研究发现，如此薄的淬冷层中未燃 HC 在火焰熄火后几毫秒内由于强烈的气流运动，即向已燃气体扩散并产生氧化反应，使 HC 的排放浓度降低。因此，对于清洁的发动机燃烧室壁面来说，缸壁的淬冷并不是发动机排气中 HC 的主要来源。

③缸壁润滑油膜和积垢的吸附。

汽缸壁吸附着一层润滑油膜,在进气和压缩行程中会有一部分未燃混合气和燃油蒸气被此油膜以及沉积在活塞顶部、燃烧室壁面及进排气门上的多孔性积炭沉积物所吸收,从而未参加燃烧,当做功和排气行程中缸内压力降低时,未燃的燃油会被释放出来,进入燃烧产物中而不能被氧化,以未燃 HC 排出。

(2) HC 在柴油机中的生成机理。

由于柴油机的燃烧是扩散燃烧,燃油在燃烧室内的停留时间要比汽油机短得多,绝大部分工况的过量空气系数 λ 远大于汽油机,因而其混合气浓度梯度极大,喷雾核心的 λ 接近于 0,而燃烧室周边区域 λ 趋向于 ∞,即几乎没有燃油(尤其是小负荷时),因而受淬熄效应和油膜、积炭吸附的影响很小,这是柴油机 HC 排放低于汽油机的原因。一般柴油机中产生 HC 的主要原因是混合不均匀和在燃烧过程后期低速离开喷油器的燃油混合及燃烧不良。

①混合不均匀。

柴油机混合气的浓度分布极不均匀,在超出着火界的过浓或过稀的混合气区域,会产生局部失火。如靠近喷油射束中心区域会形成过浓混合气,而喷油射束的周边区域会因过度混合而产生过稀混合气。

②喷油嘴的压力室容积影响。

喷油结束时,压力室容积中充满燃油,随压缩和做功行程的进行,这部分柴油被加热和气化,并以液态或气态低速进入燃烧室内。由于这时混合及燃烧速度都极为缓慢,使得这部分柴油很难充分燃烧和氧化,从而导致大量 HC 产生。

(3) 非排气 HC 的生成机理。

汽车排放到大气中的 HC 总量中,若未采取防治措施,约 60% 在做功行程中产生并经排气管排出,20% 来自曲轴箱窜气,20% 来自燃油系统蒸发,后两者统称为非排气 HC。

①曲轴箱窜气。

曲轴箱窜气是指在压缩行程和做功行程中由活塞与汽缸之间的间隙窜入曲轴箱的油气混合气和已燃气体,并与曲轴箱内的润滑油蒸气混合后,由通风口排入大气的污染气体。柴油机的窜气中未燃成分较少,而汽油机属于预制均质混合气燃烧,因而窜气中含有较浓的未燃 HC。

②燃油蒸发。

所谓燃油蒸发,是指由空气滤清器、油箱和燃油系统管接头处蒸发并排向大气的燃油蒸气。由于汽油的挥发性较柴油强,因而一般所说的燃油蒸发污染主要是指汽油车。燃油蒸发也是一种燃料的损失,因而也称为蒸发损失。蒸发损失主要来源于三种情况:连续停车时因昼夜温差造成的昼间换气损失、行驶期间因温度及行驶工况变化造成的运转损失、行驶后停车时化油器浮子室内油温骤升引起的蒸发损失。

3. 氮氧化合物(NO_x)

发动机排气中的 NO_x 是 NO、NO_2、N_2O_3、N_2O、N_2O_5、NO_3 等的总称。燃料经燃烧后从排气管排出的 NO_x 中有 90%~95% 是 NO,NO_2 有少量存在,其他成分可以忽略不计。NO_2 的生成量随过量空气系数 λ 而变化,汽油机的 λ 较小,一般 NO_2 的生成量占 NO 量的 1%~10%;柴油机的 λ 较大,一般 NO_2 的生成量占 NO 量的 5%~15%。燃烧过程中产生的 NO 经排气管排至大气中,在大气条件下缓慢地与 O_2 发生反应,最终生成 NO_2。因而讨论 NO 在燃烧中的生成机理时,一般只讨论 NO 的生成机理。NO 的生成途径有三种,即高温 NO、激发 NO 和燃料 NO。

(1)高温 NO。

NO 的生成主要取决于燃烧温度以及氧的浓度。当温度超过 2000℃ 时,氧分子会分解成氧原子,它和氮分子化合生成 NO。根据高温 NO 反应机理,产生 NO 的三要素是温度、氧浓度和反应时间。混合气过浓,则参与 NO 反应的氧气不够;而在足够的氧浓度条件下,温度越高,反应速度越快,NO 平衡浓度越高,因而 NO 的生成量越大。在混合气稍稀且高温情况下,NO 生成浓度为最高。高温是最重要的条件,即使氧很充分,但燃烧温度不高,氧的分解也会进行得很慢,NO 生成浓度低。总之,燃烧进行得越充分,燃烧温度越高,NO 浓度越高,这也就是 NO 与油耗之间相互矛盾的原因。因为从燃油经济性观点看,要求燃烧效率高,燃烧进行得完全,也就是要求燃烧速度快,并使燃烧放热集中在上止点附近,但这样燃烧温度必然很高,因而 NO 生成量也就越多。

NO 生成还和反应时间有关,如果燃气在高温和富氧的条件下停留时间长,NO 的生成量必然增加,NO 的生成主要是在火焰峰面后面的已燃气体中。由上述 NO 链反应机理可知,NO 生成反应是可逆反应,但 NO 在燃气中逆反应(分解反应)速度缓慢,所以一旦汽缸内形成 NO,除去 NO 就变得较为困难,NO 就会"冻结"在一个非平衡的高浓度水平上而从排气中排出。

(2)激发 NO。

HC 首先裂解出 CH 和 CH_2,它们和氮分子化合生成 HCN 和 NH 等中间产物,并经过生成 CN 和 N 的反应,最后生成 NO。激发 NO 的生成过程由一系列活化能不高的反应组成,因此并不需要很高的温度就可进行。内燃机中,在 λ<1 的过浓

条件下容易产生激发 NO。近年来曾用激光诱导荧光法(Laser Induced Fluorescence,LIF)在汽油机燃烧火焰前锋面上测到了大量激发 NO,其发生量随 λ 的减小而增大。但就燃烧过程中 NO 生成总量来看,激发 NO 只占很小的比重。另外,有关激发 NO 生成中详细的化学动力学反应过程目前尚不十分明了。

(3)燃料 NO。

燃料中的氮化合物分解后生成 HCN 和 NH_3 等中间产物,并逐步生成 NO,这一反应过程在≤1600℃条件下就可进行。常规燃料中,汽油可看作基本不含氮,而柴油的含氮率仅为 0.002% ~ 0.03%,也较低,因而现阶段可以不考虑燃料 NO。

4. 颗粒物(PM)

PM 是指在接近于大气条件下,除去非化合形态的凝聚水以后收集到的全部呈固体状和液体状的颗粒物,主要由三部分组成,即炭烟(DS)、可溶性有机物(SOF)和硫酸盐。柴油机在高负荷工作时,炭烟在颗粒物中所占比例升高,而部分负荷时则有所降低;汽油机排气中基本上不含炭烟,硫分的含量也少,所以颗粒物的排出总量要比柴油机少得多。柴油机排放的烟有白烟、蓝烟和黑烟。白烟是高沸点的未燃烃和水蒸气混合而成的液态颗粒,它的直径一般在 1.0pm 左右,主要是在冷起动时产生,温度低于 250℃。蓝烟主要是未燃烧的烃,有燃油和润滑油,以及燃烧中间产物,其颗粒较小,一般在 0.5pm 以下,蓝烟主要是在暖机时产生,温度在 250 ~ 650℃之间,当发动机温度提高后,蓝烟就会消失。黑烟是由炭烟颗粒所组成。

国外近年来采取了许多有效措施,使柴油机炭烟排放大幅度下降。图 3-1 所示为某重型柴油车采用美国 HDD-FTP 工况所做的试验结果。原机颗粒物排放量为 0.48g/(kW·h),其中 DS 占 64%,SOF 占 26%,硫酸盐占 10%。通过改进喷油系统、燃烧系统以及换用低硫柴油,DS 和硫酸盐明显降低,使得颗粒物的排放量降为 0.18g/(kW·h)。

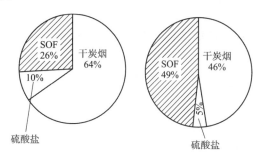

图 3-1 某重型柴油车柴油机颗粒物构成的变化

关于炭烟的生成机理,概括地说,炭烟是由烃类燃料在高温缺氧条件下裂解生成的,但其详细的机理,即从燃油分子到炭烟颗粒生成,整个过程中的化学反应及物理变化过程尚不十分清楚。一般认为,当燃油喷射到高温的空气中时,轻质烃很快蒸发气化,而重质烃会以液态暂时存在。液态的重质烃在高温缺氧条件下,直接脱氢碳化,成为焦炭状的液相析出型炭粒,粒度一般比较大。而蒸发气化了的轻质烃,经过不同的复杂途径,产生气相析出型炭粒,粒度相对较小。首先,气相的燃油分子在高温缺氧条件下发生部分氧化和热裂解,生成各种不饱和烃类,如乙烯、乙炔及其多环芳香烃;它们不断脱氢形成原子级的碳粒子,逐渐聚合成直径2nm左右的炭烟核心(炭核);气相的烃和其他物质在炭核表面的凝聚,以及炭核相互碰撞发生的凝聚,使炭核继续增大,成为直径20~30nm的炭烟基元;而炭烟基元经过相互聚集形成直径1μm以下的球状或链状的多孔性聚合物。重馏分的未燃烃、硫酸盐以及水分等在炭粒上吸附凝集,形成颗粒物排放。

在整个燃烧过程中,炭烟要经历生成和氧化两个阶段,炭烟的生成主要是在燃烧的初期和中期,而炭烟的氧化主要是在燃烧的中期和后期。在燃烧的中后期,已经生成的炭烟,只要能遇到足够的氧化氛围和高温,就会发生氧化反应,其体积缩小甚至完全氧化掉。炭烟的氧化速率主要和温度有密切关系,同时还和剩余氧,以及在高温下的逗留时间有关,所处区域的氧化条件不同,炭烟的氧化速率不同。由此可以得到降低柴油机炭烟的指导思想之一:燃烧前期应避免高温缺氧,以减少炭烟的生成;而燃烧后期应保证高温富氧和加强混合气扰流强度,以加速炭烟的氧化。

第二节 排放污染物控制技术

针对汽车排放污染物CO、NO_x、HC、PM的生成机理,采用先进的控制和处理技术能有效降低其排放量。本节对常用的几种控制技术进行分析,有利于指导汽车维修企业采取相关维护措施。

一、先进发动机技术

控制污染物排放,就是要减少污染物的产生,采用先进的电控燃油喷射系统是一种通常的做法,电控燃油喷射系统包括电子控制单元(Electronic Control Unit,ECU)、位置传感器(曲轴、凸轮轴、节气门等位置传感器)、氧传感器、爆震传感器等。ECU对燃油喷射的控制依赖这些传感器有效的反馈信息来准确调整,做到闭环控制,实现最佳进排气角度、最佳空燃比、最佳点火时间,从而达到最佳燃烧状态,充分燃烧,尽可能地减少不充分燃烧所产生的有害气体。

1. 燃烧系统优化设计

(1)紧凑的燃烧室形状。与缸内气流运动配合,紧凑的燃烧室可实现快速充分燃烧,降低 CO 和 HC 排放。采取减少不参与燃烧的缝隙容积的措施,如将活塞第一环槽适当上移,尽量缩小活塞头部与汽缸的间隙,减小了活塞、活塞环与汽缸壁之间形成的缝隙对发动机 HC 排放的影响。

(2)改善缸内气流。增强缸内混合气的涡流和紊流,即加强油气混合,能实现快速和完全燃烧,降低废气排放。采用螺旋进气道,在进气门上设置导气屏或采用可变的截止阀,可控制缸内的涡流与紊流。挤气面的变化能增强燃烧室内紊流扰动,提高火焰传播速度,减少淬熄层厚度,降低 HC 排放。

2. 电子控制燃油喷射系统优化

电子控制燃油喷射系统可在汽油机工况变化时,提供与变化相适应的空燃比。在条件满足时,采用闭环反馈控制,满足了二元催化转换器对空燃比的严格要求,不仅降低了燃油消耗量,而且大大改善了排放特性。当前,宽域氧传感器代替了原有开关型氧传感器,能够在全程范围内反映空燃比状况,使空燃比控制更为精确,使各工况下汽油机排放特性、动力性与经济性达到一个更佳的状态。

3. 调整点火提前角

调整点火提前角一直是最简单也是最普遍应用的排放控制技术。点火系统可使发动机在不同转速、进气量等因素影响下,实现最佳点火提前角,使发动机发出最大功率或转矩,而油耗和排放降至最低。

该系统分为开环控制和闭环控制。闭环控制是在开环控制基础上,增加一个爆震传感器进行反馈控制,其点火时刻精确度比开环控制高,但是排气中污染物的浓度稍高一些。

点火提前角为上止点(即将要发生爆震时的角度)前 35°~40°时,平均有效压力和燃油消耗率处于最佳状态,此时就是以实现发动机动力性、经济性最优为目标时最常用的点火提前角。随着点火提前角的减少,即推迟点火提前角,NO_x 和 HC 排放逐渐降低。NO_x 的降低是因为随着点火提前角的推迟,最高燃烧温度呈直线下降,燃烧室内温度达不到 NO_x 化合时的温度,即排放气体中浓度明显降低,最高可降低至原来的 30%;HC 的排放浓度降低,是因为排气温度上升,使 HC 在燃烧室内和排气管中不断地被氧化。

点火提前角不能被无限制地推迟。点火提前角的推迟,会导致平均有效压力下降和燃油消耗率上升,严重的还会引起汽缸的爆震。因此,靠推迟点火提前角来降低排放的作用是有限的。

4. 喷油速率及喷油提前角

喷油速率及喷油提前角是燃油供给系统的两个主要参数,它们也是影响污染物排放的主导因素之一。这两个参数的变动,可能只降低某种污染物的排放量,却使另一种增加,即在这一过程中,改变这两个参数虽然降低了有害排放物的量,但是会使燃油的经济性及发动机动力性下降。

(1)喷油速率,是指喷油器在单位时间内喷入燃烧室内的燃油量。喷油速率的变化对 NO_x、HC 及 CO 都有一定的影响。若提高喷油速率,减少喷油的持续时间,并在喷油终点时推迟喷油,这样不仅降低了 NO_x 的排放量,而且又保证了发动机的动力性和燃油经济性。但是,如果喷油率过高,会导致 HC 的排放量增加。这里所说的喷油率增加并不是指整个过程喷油速率的提高。通俗地说,初期的喷油速率不能过高,用以抑制着火后期混合气的生成量,降低初期的燃烧速率,从而降低内燃机内的温度和噪声以及抑制 NO_x 的生成;中期急速喷油,即通过高喷油压力和高喷油速率来加速扩散燃烧速度,这样可避免低的喷油压力和雾化质量变差带来的不完全燃烧和颗粒物排放的增加。

(2)喷油提前角,与点火提前角相似,对 NO_x、CO 和 HC 排放的影响较大。不同的是喷油提前角的影响对象主要是柴油机;相同的是推迟喷油提前角,可降低这些污染物的排放量,但是,过分推迟就会导致初期喷油速率增大,从而使 NO_x 的排放量攀升。除了喷油速率及喷油提前角,燃油供给系统的参数还有很多,如喷油压力、喷口直径、喷孔数目等,它们对污染物的排放量都有一定的影响。例如,在喷油速率和压力等因素不变时,增加喷口的直径或是减少喷孔的数目,都可以降低 NO_x 的排放量。

5. 汽油机机内净化技术

(1)稀薄燃烧。

传统发动机的空燃比在14.7:1附近,而稀薄燃烧发动机空燃比通常在15:1~27:1之间。随着空燃比的增加,排气排放物中的 NO_x、CO 浓度明显降低,HC 浓度在一定的空燃比范围内也有所减少。目前稀燃高压缩比是降低汽油机排放、提高性能的主要研究方向。在稀燃时,为改善混合气质量而采取的措施有:实现分层燃烧;燃烧室设计得更紧凑,尽量减少有害的缝隙容积;改善火花塞结构及布置,采用高能点火系统,实现快速燃烧等。

(2)均质混合气压燃。

均质混合气压燃在起动和加速阶段的工作情况与汽油发动机相同,即通过火花塞将燃料和空气的混合物点燃;当进入高速行驶时,发动机切换到均质混合气压燃模式,即通过汽缸内的高压和高温使燃料燃烧,此时的工作情况与柴油机相同,都是通过高压从燃料中获取更多的能量。均质混合气压燃发动机能适应汽油、天然气、丙烷、乙醇、柴油和生物燃料等多种燃料。均质混合气压燃的燃烧方式被人们称为内燃机的第三种燃烧方式,是当前内燃机燃烧的一个研究热点,它最有希望近期在小汽车发动机上得到应用,从而获得和汽油机一样的高功率输出和低颗粒物排放量,以及在部分负荷(可达75%负荷)和怠速时获得和柴油机一样或更高的经济性,但NO_x排放很低。

二、催化转换技术

从目前降低汽车尾气排放的技术途径来看,要达到欧 V 排放标准,一般不再从发动机本身的结构方面采取措施,而是通常采取排气后处理的方式来降低污染物的排放量。催化转换就是一种后处理净化技术,它能净化汽车排出的 CO、HC 和 NO_x。仅能净化 CO 和 HC 的催化转换器为氧化型催化转换器,能净化 CO、HC 和 NO_x 的催化转换器为三元催化转换器。

催化转换器的最外部为不锈钢壳体,其内部为催化剂载体。催化剂载体可分为堇青石制成的蜂窝状载体、金属载体或颗粒型载体,载体外面涂有催化剂。催化转换器利用排气中残余的氧和排气温度,在催化剂表面进行氧化还原反应,使有害物质 CO、HC 和 NO_x 变成无害物质,从而减少对环境的污染,改善大气质量。

催化转换器最低起燃温度约 280℃,转换效率最高的工作温度区间是 400～850℃。缺缸、严重失火等,将使催化转换器过长时间过高温度工作而烧坏。空燃比过浓、点火时间过迟与失火一样,都会引起催化转换器过长时间过高温度工作而烧坏,图 3-2 所示为催化转换器内部载体发生烧结后的情况。劣质机油、汽油铅、硫含量高,会迅速使催化转换器中毒而失效。因催化转换器内部是蜂窝状陶瓷形成的催化剂承载体,碰撞后容易破碎,会使催化转换器和排气系统堵塞。

图 3-2　催化转换器内部载体发生烧结后情况

1. 三元催化转换器技术

三元催化转换器是常用的排气污染物后处理技术。有害气体经催化剂催化后，能通过化学反应转换为空气中的固有成分，如 N_2、CO_2 及 H_2O(蒸汽)等无害气体。

空燃比对催化剂的转换率有十分明显的影响，图 3-3 所反应的就是催化剂转换效率与空燃比的关系。HC 和 CO 的转换率是随着空燃比加大而上升的，即稀燃时转换效果好。而 NO_x 的转换率与空燃比不是一个单向函数关系，从图 3-3 可以看出，其转换率先随空燃比上升而上升，曲线在空燃比为 14.7:1（即 $\lambda=1$）时出现拐点，转换率随空燃比上升反而急剧下降，所以在合适的空燃比前提下，三元催化转换器能将 CO、HC、NO_x 转换为无害气体。从图 3-3 可以看出，在窗口范围内($A/F=14.7$ 即 $\lambda=1$ 左右)，三种有害气体的催化剂转换效率都很高。要充分利用催化剂的转换效率，就要控制好空燃比，一般要求 λ 在 0.95~1.05 之间，此时可将 95% 的污染物转换为无害气体。

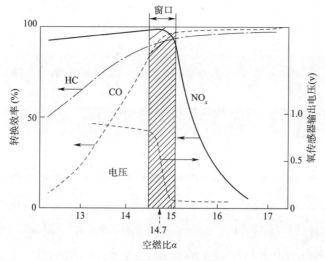

图 3-3 催化剂空燃比特性

三效催化转换器安装在排气管上，催化剂是铂(或钯)和铑的混合物，它不仅能将 HC 氧化成 H_2O、CO_2，而且能促使 NO_x 和 CO 发生反应转变成 CO_2 和 N_2。但其转换效率只有空燃比在 14.7:1 附近一个很狭窄的范围内才能达到最高，所以为了将实际空燃比精确地控制在 14.7:1 附近，就必须在发动机控制系统中安装氧传感器，形成空燃比反馈控制方式，即闭环控制。当然若冷却液温度较低起动、暖机、急加减速时的开环情况下，因空燃比不在 14.7:1 附近，催化转换效率低，排气污染物就会增加。

现在紧凑耦合催化转换器的广泛应用是为了减少冷起动阶段的 HC。紧凑耦合催化转换器安装位置距发动机较近，一般体积和热容量都比较小，催化转换器起燃时间短，所以极大地减少了冷起动阶段的 HC 排放量。

2. 氧化催化技术

氧化催化技术应用于柴油机中，其工作原理是使排气流过载有氧化催化剂（铂等）的大表面积载体［氧化铝（Al_2O_3）、二氧化硅（SiO_2）等］，柴油机排气中的 HC、CO、颗粒物当中的可溶性有机成分（SOF）以及多环芳香烃（PAH）等在氧化催化剂的作用下被氧化，从而使排气得到净化处理。一般其能使排气中 30%~80% 的气态 HC 和 40%~70% 的 CO 被氧化，净化 40%~50% 的颗粒物，氧化 40%~90% 吸附在炭粒表面的 SOF。

氧化催化技术因其净化效果有限往往很难达到车辆排放控制的要求，但其具有结构简单、成本低、氧化 HC 和 CO 产生大量热量等特点，结合其他后处理技术一起使用，能对排气起到很好的净化作用。目前氧化催化技术已广泛应用于连续再生颗粒捕集器，其他比较成功的复合后处理技术也采用了氧化催化技术以降低颗粒物再生温度。因此，氧化催化技术在柴油机的排放控制中是一项非常重要的技术。下面主要介绍柴油氧化型催化技术和颗粒物氧化型催化技术。

(1) 柴油氧化型催化器。

由于柴油机排气含氧量较高，可用氧化催化转换器（OCC）进行处理，消耗颗粒物中的可溶性有机成分（SOF）来减少颗粒物排放，同时也减少 HC 和 CO 的排放。氧化催化转换器采用沉积在比表面积很大的载体表面上的催化剂作为催化元件，降低化学反应的活化能，让发动机排出的废气通过，使消耗 HC 和 CO 的氧化反应能在较低的温度下很快地进行，使排气中的部分或大部分 HC 和 CO 与排气中残留的 O_2 化合，生成无害的 CO_2 和 H_2O。柴油机用氧化催化剂原则上可与汽油机的相同，常用的催化反应效果较好的催化剂是由铂（Pt）系、钯（Pd）系等贵金属和稀土金属构成。将有多孔的氧化铝作为催化剂载体的材料并做成多面体形粒状（直径一般为 2~4mm）或蜂窝状结构。尽管柴油机排气温度低，颗粒物中的炭烟难以氧化，但氧化催化剂可以氧化颗粒物中 SOF 的大部分（SOF 可下降 40%~90%），减少颗粒物排放，也可使柴油机的 CO 排放降低 30% 左右，HC 排放降低 50% 左右。此外，氧化催化转换器可净化多环芳烃（PAH）50% 以上，净化醛类达 50%~100%，并能够减轻柴油机的排气臭味。虽然氧化催化转换器对颗粒物的净化效果远不如颗粒捕集器，但由于碳氢化合物的起燃温度较低（在 1700℃ 以下就可再生），所以氧化催化转换器无须昂贵的再生系统，投资费用较低。

催化剂的表面活性作用是利用排气热量激发的,图 3-4 所示为柴油机使用氧化催化转换器时,排气温度对颗粒物排放量的影响。

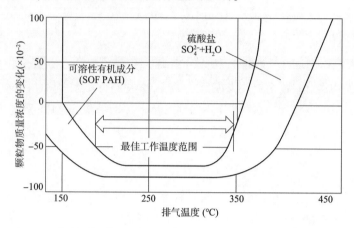

图 3-4　柴油机使用氧化催化转换器时,排气温度对颗粒物排放量的影响

从图 3-4 中可以看出,当排气温度低于 150℃ 时,催化剂基本上不起作用。随着负荷增加,排气温度升高,CO 和 HC 净化率也增加,同时由于 SOF 被氧化,使颗粒物排放下降。只要不超过催化剂允许的最高温度,净化反应便能顺利进行。为了保证催化剂有足够的温度,应尽量使氧化催化转换器安装在靠近排气歧管处。但是,随着温度的升高,当排气温度高于 350℃ 后,由于硫酸盐大量生成,反而使颗粒物排放增加。因此,柴油机氧化催化转换器的最佳工作温度范围是 200~350℃,仅靠调整发动机工况很难控制排气温度总在这一最佳范围内。

(2) 颗粒物氧化催化器。

柴油机颗粒物氧化催化器(POC)是一种针对柴油机排放污染物中颗粒物成分设计的后处理装置,属于氧化催化转换器的范畴。它对颗粒物的转换效率可以达到 60% 以上,具有成本低、标定过程不复杂、排气背压低等优点。因此,POC 是适合目前国Ⅲ/国Ⅳ排放法规要求的一种较为经济实用的后处理方案。

POC 是开放式的过滤结构,采用不锈钢结构,载体上有专用的化学涂层。其特殊的载体结构设计使得排气更加通畅,同时增大了排气污染物和载体的接触面积,可以在保证背压的同时捕集部分颗粒物并实现再生。由于 POC 需要较高的再生温度,因此需要与柴油机氧化催化器(DOC)配合使用。POC 的结构特点决定了其具有较好的热耐久性和机械性能。此外,POC 质量轻、体积小、尺寸可变,易于集成到排气系统中。

POC 主要由两个部分组成:专用载体和低温涂层。专用载体是由平板金属薄片和波纹片卷曲而成,并由凹槽装置固定,防止互相挤压叠嵌,与传统的直孔通道的载体相比,其独特的孔道设计平衡了背压损失和气流传质、传热方面的关系。涂覆于载体上的低温涂层可降低 HC 与 CO 的起燃温度,并能在低温下把一部分 NO 氧化成 NO_2,有利于颗粒物再生。

颗粒物氧化催化转换器的工作原理是:柴油机排气中 NO 在 DOC 中与 O_2 结合生成 NO_2,加上柴油机本身缸内的燃烧过程产生的 NO_2,一起进入 POC;排气中颗粒物被捕集到专用载体后与 POC 中的 NO_2 发生氧化反应,同时未燃烧的 HC、可溶微粒及 CO 也在 POC 中被氧化。

当排气温度在 200～550℃ 之间时,POC 载体上主要进行上述前两个化学反应。随着反应进行,排气温度不断升高,并达到颗粒物的起燃温度(>550℃),此时颗粒物燃烧,从而有效地去除排气中微粒。

三、废气再循环技术

废气再循环(EGR)系统是目前用于降低发动机 NO_x 排放的　种有效措施,它将一部分排气引入进气管与新鲜混合气混合后进入汽缸燃烧,从而实现再循环,并对进入进气系统的排气进行最佳控制。另外,提高 EGR 率会使总的废气流量减少,因此,废气排放中总的污染物输出量将会相对减少。

废气再循环系统示意图如图 3-5 所示。EGR 阀位于进气歧管右侧,靠近节气门体,其作用是使一定量的废气流入进气歧管进行再循环。EGR 阀膜片的一侧连接一根枢轴杆,另一侧与弹簧相连(弹簧使阀门保持常闭)。当加在膜片上的真空压力大于弹簧力时,枢轴杆被拉离原位,通道打开,使废气进入废气再循环系统。再循环的废气量与节气门开度直接相关。电磁阀接收控制器和继电器的控制信号,电磁阀开启真空电路,因而真空压力吸动 EGR 阀上的膜片,使阀打开,将废气引入汽缸。

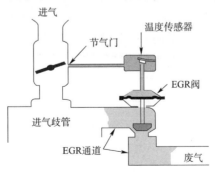

图 3-5　废气再循环系统示意图

废气再循环系统工作不良,会造成发动机排气污染增加、功率下降、怠速运转不稳定甚至熄火。维护废气再循环系统需要首先检查其真空软管有无破损,接头处有无松动、漏气等;若无,再进一步检查 EGR 阀和阀座等。

1. EGR 控制原理

废气再循环系统的主要目的是降低 NO_x 的排放,其原理是废气从排气管排出时,一部分废气经过 EGR 系统通过流管进入排气门,再经过 EGR 控制阀,进入进气门,最后通过流管与新鲜混合气混合。

EGR 系统能有效抑制 NO_x 生成主要有两个原因:一是排气中主要是惰性气体,氧气含量低,废气与新鲜混合气混合就会造成混合气中氧的浓度减小,这就导致了燃烧速度降低,燃烧室内温度下降;二是废气与新鲜混合气混合使混合气的比热容提高,从而降低了 NO_x 的排放。

但是,不能为了减少污染物的排放而不断增大 EGR 率,增大 EGR 率会对颗粒物和其他污染成分的减少产生消极影响,另外,其还与发动机的动力性、经济性有着紧密联系。

2. EGR 控制策略

由 EGR 的控制原理可知,为保证发动机的经济性、动力性和排放性,必须根据发动机的不同工况要求对 EGR 率进行控制。下面对几种工况下 EGR 率控制作简单的介绍。

(1)大量的试验表明,EGR 率控制在 10%～20% 范围内最为合适。当 EGR 率小于 10% 时燃油消耗量基本不增加,即燃烧不充分;当 EGR 率大于 20% 时发动机燃烧不稳定,HC 排放量也在增加。因此,EGR 率最好控制在 10%～20% 时,随着发动机负荷的增加,EGR 率的允许值也在增加。

(2)怠速和低负荷时,NO_x 的排放浓度低,为了保证燃烧稳定,不对 EGR 率进行控制。

(3)EGR 率只在热机状态下进行控制,原因是冷机时,发动机的温度低,NO_x 的排放浓度也较低,而且混合气不均匀,为使发动机正常燃烧,不进行 EGR 率控制。

(4)大负荷、高速时,为保证发动机拥有良好的动力性,NO_x 生成及排放量较小,不进行 EGR 率控制或减少对 EGR 率的控制。

为了精确地控制 EGR 率,EGR 控制阀一般采用电子控制。为了减少 NO_x 的排放,可以采用中冷的 EGR,即先将废气冷却,再与新鲜混合气混合进入汽缸燃烧。

四、怠速控制技术

发动机的怠速性能主要表现在三个方面:怠速稳定性、怠速排放及怠速油耗。怠速控制的目的是降低怠速排放量,提高燃油经济性,提高怠速稳定性,获得良好的驾驶舒适性,达到迅速、平稳的过渡特性等。

1. 怠速控制系统组成

发动机怠速控制系统是由各种传感器、信号控制开关、电子控制单元(ECU)、怠速控制阀以及节气门旁通空气道等组成。ECU 接收各相关传感器所输送的信号,通过 ECU 的分析判断后,对怠速控制阀发出相应指令,从而控制节气门旁路中的空气流量,使发动机怠速运转时,空燃比总是处于最佳的转速下。

2. 怠速控制策略

当发动机处于怠速运行状态时,节气门处于全关状态,即空气进入发动机量不再由节气门控制。怠速控制的本质就是通过怠速执行器调节进气量,同时配合喷油和点火提前角的控制,改变怠速工况下燃油经济性和发动机的动力性,从而使发动机在怠速工况下处于稳定状态。下面具体介绍汽车在怠速工况下的不同情况下的控制策略。

(1)起动控制:发动机刚刚起动时,怠速控制系统控制怠速执行器执行命令,即使旁通进气量为最大值,此操作也利于起动,起动之后,再根据冷却液温度来确定旁通进气量的大小。

(2)暖机控制:在暖机阶段时,怠速控制系统要根据冷却液温度的变化对旁通进气量的大小进行不断调整,使发动机在温度状态变化情况下依然保持稳定的转速。

(3)怠速反馈控制:当暖机过程结束时,或者 ECU 检测到节气门全开的信号,并且车速低于2km/h,怠速控制系统进入怠速反馈控制。当电器负载增多时,怠速控制要做相应的调整。即怠速控制系统也要相应增加旁通进气量,提高发动机的怠速转速等。

怠速控制具有以下优点:

①在所有可能的工况条件下可以提供理想的怠速空气量;

②可以及时补偿发动机的负荷变化;

③当车辆处于急减速状态时,利用增加空气量等方式可以改善排放性能;

④当车辆维持在低怠速与减速空气量控制方式时,可以获得良好的燃油经济性;

⑤改善车辆的驾驶性能。

五、颗粒物捕集技术

通过对多种捕集柴油机排气颗粒物途径进行比较，普遍认为较为可行的方案是采用过滤材料对排气进行过滤捕集，即颗粒捕集器法。柴油机颗粒捕集器（Diesel Particulate Filter，DPF）被公认为是柴油机颗粒物排放后处理的主要方式。颗粒捕集器由滤芯和再生控制装置等组成，滤芯为陶瓷纤维纱线缠绕滤芯。颗粒捕集器安装在柴油汽车排气系统中，通过过滤降低排气中颗粒物含量。

颗粒物捕集过程可以按过滤体结构特征不同分为表面过滤型和体积过滤型两种。前者主要用比较密实的过滤表面阻挡颗粒物，后者主要用比较疏松的过滤体积容纳颗粒物。表面过滤型过滤体一般单位体积的表面积很大，材料壁薄，既可获得较高的过滤效率，又具有较小的流动阻力，但过滤体形状复杂，在高温和高温度梯度下易损坏。体积过滤型过滤体一般很难兼顾高效率和低阻力，但由于结构均匀，不易产生很大的热应力。

颗粒捕集器在过滤工作一段时间后，要及时清除积存在滤芯上的颗粒物，以恢复颗粒捕集器的工作能力和减小排气阻力。为此，在滤清器入口处设置一个燃烧器，通过喷油器向燃烧器内喷入少量燃油，并供入二次空气，利用火花塞或电热塞将其点燃，将滞留在滤芯上的颗粒物烧掉。

颗粒捕集器失活主要源于过热或局部受热不均。典型的工况是在车辆高速运行时驾驶员突然制动，发动机在低的排气流量下怠速运转，造成捕集器温度急剧升高。采取下面的措施可缓解捕集器失活：

（1）控制合理的再生频率，保持捕集器上有较低的颗粒物负载；

（2）控制空燃比，以尽可能降低排气污染物中氧的含量；

（3）保持尽可能高的排气流量，以冷却捕集器，并且降低停留时间；

（4）在某些条件下，采用捕集器旁路的设计也是一种有效的保护措施。

用由细孔或纤维构成的过滤体来捕集柴油机排气中的颗粒物时，存在几种过滤机理，下面简单介绍过滤机理。

1. 扩散机理

在排气气流中，颗粒物由于受到气体分子热运动的碰撞而做布朗运动，使颗粒物的运动轨迹与流体的流线不一致。初始排气中的颗粒物浓度分布是均匀的，布朗运动不会引起颗粒物的宏观运动，即颗粒物浓度分布的均匀性不会发生改变。但是，当流场中出现捕集物后，捕集物对颗粒物的运动起到了汇集的作用，从而造成排气中颗粒物分布的浓度梯度，引起颗粒物的扩散输运，使颗粒物脱离原来的运动轨迹向捕集物运动而被捕集。在壁流陶瓷的壁面和微孔内的空间,细小的颗粒物在布朗运动作用下扩散至壁面和微孔的内表面。颗粒物的尺寸越小,排气温度越高,则布朗运动越剧烈,扩散沉积作用越明显。

扩散捕集效率与颗粒物尺寸半径、过滤体壁厚、壁面平均微孔径以及微孔内的平均流速有关。由图3-6可以看出,当颗粒物直径小于$1\mu m$时,需要考虑颗粒物的扩散作用,当颗粒物的直径小于$0.1\mu m$时,扩散作用已经十分显著。由于大部分柴油机排气颗粒物属于亚微米范畴,因此对于柴油机排气颗粒物的过滤,扩散捕集是十分重要的。对于扩散作用剧烈的细小颗粒物,其扩散捕集仅仅发生在微孔内距入口很近的范围内,减小平均微孔径可以提高颗粒物的扩散沉积效率,但是这会导致过滤体压力损失的上升。由于排气流速决定了颗粒物在过滤体内的滞留时间,因此,排气流速对扩散捕集效率的影响非常明显,排气流速越低,扩散捕集效率越高。降低流速是提高扩散沉积效率的有效方法,由于柴油机的排气流量随其工况在一定范围内变化,因此可通过增大总过滤表面积和壁面孔隙率来降低微孔内的平均流速。

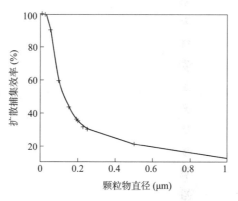

图3-6 不同直径颗粒物的扩散捕集效率

2. 拦截机理

拦截机理与颗粒物的尺寸有关,人们一般认为颗粒物只有大小而没有质量,不同大小的颗粒物都将随流线绕捕集物流动。当颗粒物接近过滤表面,其直径大于或等于过滤微孔直径时,颗粒物就被拦截捕集,过滤体起到筛子的作用,这就是拦截机理。过滤体的拦截机理在颗粒物的捕集中扮演着十分重要的角色,但这并不意味着过滤体本身具有较强的拦截作用。事实上,过滤体的平均微孔直径最小也有数微米,而90%以上的柴油机微粒直径在$1\mu m$以下,显然不满足拦截条件。但由于各沉积机理的综合作用,颗粒物会在过滤体表面堆积,其效果等同于减小过滤体微孔孔径,使拦截作用加强,如图3-7所示。这种拦截机理是过滤体后期非稳态过滤的主要捕集机理。

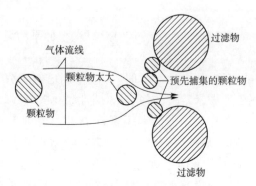

图3-7 颗粒物的拦截过滤

3. 惯性碰撞机理

在惯性碰撞机理中,一般把颗粒物理想化为只有质量而没有体积的质点。当气流流入微孔内时,气流收缩导致流线弯曲,由于颗粒物的质量是气体微团的几十倍甚至上百倍,当气流转折时,颗粒物仍有足够的动量按原运动方向继续对着捕集物前进而偏离流线,偏离的结果使一些颗粒物碰撞到捕集物而被捕集分离,这就是所谓的惯性碰撞机理。

由于柴油机颗粒物质量太小,其扩散作用要强于惯性作用,所以过滤体对柴油机颗粒物的惯性捕集效率较扩散捕集效率低。因柴油机颗粒物浓度分布主要集中在直径 $0.1\mu m$ 左右,在这个粒径范围内,过滤体的平均微孔径、孔隙率以及表观流速的变化对颗粒物惯性沉积作用的影响十分微弱,所以,通过改变过滤体微观过滤单元的分布尺寸和气流的表观流速来提高柴油机颗粒物的惯性沉积效率意义不大。

4. 综合过滤机理

在颗粒物的过滤过程中,扩散、拦截和惯性碰撞通常是组合在一起同时起作用的,但这三种机理并不是完全独立的。事实上,一个被捕集的颗粒物到底是被哪种机理捕集到的是很难分清的,因为它可能同时满足两种捕集机理的条件,因此简单地将三种捕集机理的效率相加,会导致计算结果比实际效率高,甚至超过1,这显然是不合理的。如果扩散、拦截和惯性碰撞三种机理同时作用,理论上存在透过性最大的颗粒物直径。若颗粒物小于这个直径,扩散作用占主导,总捕集效率随直径的减小而增加;若颗粒物大于这个直径,拦截和惯性碰撞作用占主导,总捕集效率随直径的增大而增加。

六、选择性催化还原技术

如何有效降低 NO_x 排放是柴油机有害排放物控制的难点和重点。由于机内净化控制不能完全净化 NO_x 排放,因此,采用后处理净化技术很有必要。NO_x 的后处理净化技术主要是催化转换技术,由于柴油机的富氧燃烧使得废气中含氧量较高,这使得利用还原反应进行催化转换比汽油机困难。例如,在汽油机上使用三元催化转换器,其有效净化条件是过量空气系数大约为 1,若空气过量时,作为 NO_x 还原剂的 CO 和 HC 便首先与氧反应;空气不足时,CO、HC 不能被氧化。显然,用三元催化转换器降低 NO_x 的技术在柴油机上是不适用的。使用尿素罐进行选择性催化还原(SCR)是柴油机排气控制最具现实意义的方法,它能把发动机排气排放物中的 NO_x 减少 50% 以上。目前,尿素罐系统在货车用柴油机上得到了很好的应用,其技术也日益成熟。

1. 工作原理

尿素罐用于存储尿素(学名:柴油机排气污染物处理液),应用于柴油发动机中,用来减少柴油车排气污染物中的 NO_x。尾气排放过程中,当发现排气管中有 NO_x 时,尿素罐自动喷出柴油机排气污染物处理液,柴油机排气污染物处理液和 NO_x 在 SCR 催化转换器中发生氧化还原反应,生成无污染的氮气和水蒸气排出,如图 3-8 所示。

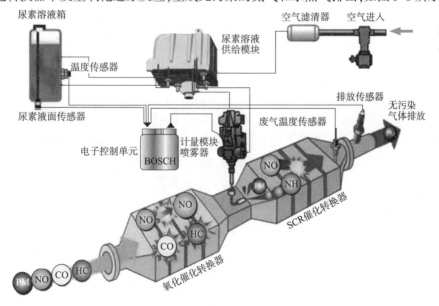

图 3-8 尿素泵工作原理

常见的 SCR 用尿素罐主要由箱体和尿素泵组成,箱体采用搪塑工艺整体成型,常见的为黑色非透明结构,坚固耐用。尿素罐分为电动泵和气动泵。电动泵由电机驱动;气动泵靠气压喷射尿素,可靠性更强,在国内柴油汽车中广泛应用。

2.工作过程

在日常确保尿素溶液充足、各零部件完好的情况下,工作流程一般有三个阶段。

(1)第一阶段,车辆起动使发动机冷却液温度达到最佳工作条件 60~90℃,排气管内废气高温使催化剂温度到达 18℃以上,此时电控单元就会向尿素泵发出工作指令,尿素泵开始抽取尿素液,同时会把尿素喷嘴间歇性打开 3~5s,将泵到喷嘴这段管路中的空气排出,提高尿素建立压力的速度。尿素泵持续转动,达到控制单元标定压力,等待控制单元发送喷射命令。

(2)第二阶段,当车辆处于急加速、超重负荷工作时,控制单元会根据氮氧化物传感器实时传输数据要求,调整尿素喷嘴的喷射量,控制尿素喷嘴打开,雾化到高温催化剂内,从而达到还原排气污染物的标准。

(3)第三阶段,车辆行驶完毕,控制单元接收到停机指令,会启动断电延时功能,延时时间一般为 1~2min,电源不断电。这时尿素系统会执行倒吸清空命令,将尿素泵和喷嘴连接管道及尿素喷嘴残留清空,倒流回尿素箱,确保长时间停车后不会发生结晶堵塞的情况,减少故障发生。

如果尿素罐出现异常将直接影响汽车尾气排放物中 NO_x 的含量。尿素罐应保持外观清洁无破损,密封严密,各管线接头接触良好,如果破损要及时更换。

七、二次空气喷射技术

二次空气喷射系统主要由空气泵、分流阀、连接管道、空气喷射歧管等组成。二次空气喷射系统是一种尾气排放控制实用技术,用以减少排气中 HC 和 CO 的排放量,其工作原理是空气泵将新鲜空气送入发动机排气管内,从而使排气的 HC 和 CO 进一步氧化和燃烧,即把导入空气中的氧在排气管内与排气中的 HC 和 CO 进一步化合,形成水蒸气和二氧化碳,从而减少排气中 HC 和 CO 的排放量。实践证明,二次空气喷射系统在汽、柴油汽车上都能取得良好的效果。

空气喷射装置可分为主动式和被动式两种。主动式空气喷射装置带空气泵,主要用在化油器式的发动机上;而被动式空气喷射装置(不带空气泵)用在电控发动机上。被动式空气喷射装置也称为脉冲式吸气装置,由吸气阀、连接空气滤清器与吸气阀的长软管和空气喷嘴等组成,如图 3-9 所示。

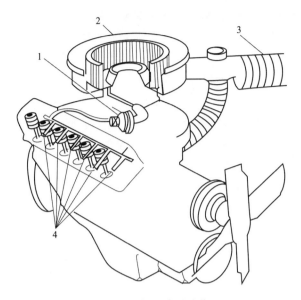

图 3-9 被动式空气喷施装置
1-吸气阀;2-空气滤清器;3-进气管;4-喷嘴

吸气阀安装在空气滤清器与排气歧管之间的管路中,它实质是一个止回阀。当发动机工作时,每一个排气阀的关闭都会使歧管内部的压力低于大气压力。发动机每一排气阀的循环关闭必然出现脉冲式的相对低压,在这一低压的作用下,空气滤清器中的空气通过吸气阀被吸进排气歧管。吸气阀和检查阀的作用一样,它使用弹性簧片或有复位弹簧的隔膜,只许空气进入排气歧管,不许废气倒流。

二次空气喷射系统出现故障可能引起:三元催化转换器工作不良;空燃比传感器故障,会使发动机 ECU 修正喷油脉宽,使发动机动力不足;油耗升高,积炭增加。为使二次空气喷射系统更好地散热,应保持表面无灰尘、外观清洁,各管线连接可靠,各阀门无堵塞、卡滞现象,如果状态出现异常要及时清理杂质甚至更换管路、阀门。

八、车用汽油机机外净化技术

稀薄燃烧型催化转换器是目前环境催化领域的一个热门课题。在稀薄燃烧条件下空燃比较大,排气污染物中氧的浓度较高,目前的三元催化转换器不能有效还原 NO_x,必须研制新的消除 NO_x 排放的系统。一个重要的研究方向是贵金属-碱金属混合型具有吸附和还原能力的存储式催化转换器。这种催化转换器主要用于缸内直喷稀燃发动机,这类发动机在富氧和富燃交替变化条件下工作,其工作原理为:在富氧时,NO 氧化成 NO_2,NO_2 再与吸附剂中的碱金属反应生成硝酸盐;在富燃时,硝酸盐分解释放出 NO,NO 再与 HC 和 CO 反应被还原。

  车用汽油机有害排放物的形成及影响因素众多,降低有害排放物应采取综合的技术措施。电子控制燃油喷射和三元催化转换器的组合是目前最有效和使用最广泛的排气污染物净化措施。为了满足现在更严格的排放法规要求,减少冷起动阶段 HC 的排放,通常都采取紧凑耦合催化转换器加底盘下催化转换器的形式。研制稀燃催化转换器对稀燃技术和均质混合气压燃的发展具有重要意义,它们都是车用汽油机排放控制技术的发展趋势。

第四章
CHAPTER 4

汽车排放性能故障分析

从汽车排气污染物生成机理可以看出，影响排气污染物浓度的因素很多，为了降低排气中有害物质的排放，必须了解汽车各系统部件对有害排放物生成的影响。本章对与汽车排放性能有关的主要系统部件构成、功能进行研究，介绍了影响汽车排放性能的主要零部件的故障现象和维护方法。

第一节　进气系统

进气系统主要由空气滤清器、空气流量传感器、压力传感器、温度传感器、节气门、进气歧管等构成，如图4-1所示。

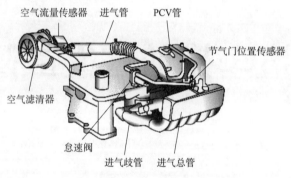

图4-1　汽车进气系统

一、空气滤清器

空气滤清器主要功能是滤除空气中的杂质或灰尘，让洁净的空气进入汽缸。空气滤清器由进气导流管、空气滤清器盖、空气滤清器外壳和滤芯等组成。空气滤清器变脏时，滤芯上会黏附过多灰尘阻碍进气，使发动机进气量不足，燃烧不够充分，影响排放性能；此外空气中杂质进入发动机，会对汽车发动机造成损害和磨损。

空气滤清器需要定期检查维护，如果空气滤清器滤芯堵塞，将引起混合气比例失调，混合气浓度过大，废气排放增大。空气滤清器应及时清洁并保持密封良好，并且应及时更换。

二、涡轮增压器

车用涡轮增压器由离心式压气机、径流式涡轮机及中间体三部分组成,增压器轴通过两个浮动轴承支撑在中间体内,中间体内有润滑和冷却轴承的油道,还有防止润滑油漏入压气机或涡轮中的密封装置等,如图4-2所示。

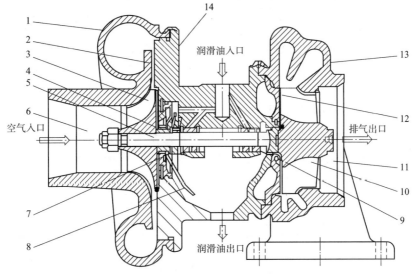

图4-2 汽车用涡轮增压器结构

1-压气机蜗壳;2-无叶式扩压管;3-压气机叶轮;4-密封套;5-增压器轴;6-进气道;7-推力轴承;8-挡油板;9-浮动轴承;10-涡轮机叶轮;11-出气道;12-隔热板;13-涡轮机蜗壳;14-中间体

涡轮增压器是利用发动机排气将从空气滤清器管道送来的空气,增压送入汽缸。当发动机转速增快,废气排出速度与涡轮转速也同步增快,叶轮就会压缩更多的空气进入汽缸,空气的压力和密度增大可以燃烧更多的燃料,相应增加燃料量和调整发动机的转速,就可以增加发动机的输出功率。一台装有涡轮增压器的发动机输出功率与其非增压时相比,功率可提高40%左右。由于涡轮增压器为发动机提供了更多的空气,燃油在发动机汽缸里燃烧时会燃烧得更充分、更彻底。增压以后,进气管内空气压力、温度、着火滞后期、燃烧速率和过量空气系数都会发生变化,它们对NO_x的生成有影响,情况比较复杂。增压后会使NO_x排放有极大的降低。

涡轮增压器应注意保持清洁,由于增压器经常处于高温下运转,它的润滑油管线受高温作用,内部机油容易有部分的结焦,这样会造成增压器轴承的润滑不足而损坏。因此,润滑油管线在运行一段时间后要进行清洗。此外,涡轮增压器还应检查气道各管的连接情况,防止松动、脱落而造成增压器失效和空气短路进入汽缸。

三、节气门

节气门是用来控制空气进入进气管和燃料混合的装置。节气门是电控燃油喷射(电喷)发动机系统最重要的部件,其上部是空气滤清器,下部是发动机缸体,是汽车发动机的"咽喉"。车辆加速是否灵活,与节气门的清洁具有很大关系。阀门卡滞、不复位、泄漏量大、污渍会引起进气异常,节气门位置传感器信号不稳定、步进电机工作不正常会引起喷油量不正常,进气量与供油量不正常会起尾气排放不达标。

节气门污垢的形成主要来自机油蒸气,其次是空气中的颗粒物和水分。在使用合格空气滤清器,且去掉曲轴箱通风管的情况下,节气门脏污频率会慢很多。机油蒸气主要是曲轴箱通风管连接到节气门引起,节气门使用过程中应安装机油冷却装置,减少机油蒸气的产生。应安装机油透气壶,把曲轴箱窜气回收起来,防止进入节气门。

由于含油蒸气到达进气管时变冷,其中的油会凝结在进气道和节气门上,随即蒸气中夹杂的积炭也会沉积在这些部位,因为节气门开启的缝隙空气流量最大,空间小,气体温度也低,所以这部分最容易凝结。因此,节气门多长时间会脏污取决于空气质量,使用机油的品牌、质量,行驶路段状况,空气温度状况,发动机工作温度,驾驶习惯等多方面。即使就个体而言,也不是能用固定行驶公里数来确定节气门清洗时间的,新车第一次清洗节气门时间间隔最长,以后由于曲轴箱通风管和进气道中油气的不断凝结,清洗频度会增加,而且不同天气也会影响节气门脏污的速度。

四、节气门位置传感器

节气门位置传感器又称为节气门开度传感器,其主要功能是检测出发动机是处于怠速工况还是负荷工况,是加速工况还是减速工况。它实质上是一只可变电阻器和几个开关,安装于节气门体上。当节气门处于怠速位置时,怠速触点闭合,向计算机输出怠速工况信号;当节气门处于其他位置时,怠速触点张开,输出相对于节气门不同转角的电压信号,计算机便根据信号电压值识别发动机的负荷;根据信号电压在一定时间内的变化增减率可以识别是加速工况还是减速工况。计算机根据这些工况信息来修正喷油量,或者进行断油控制,从而间接影响机动车的排放性能。

节气门在安装过程中要保证安装连接紧固,密封部件无破损,对节气门位置传感器及时进行清洁,如果出现故障及时更换。

五、空气流量传感器

空气流量传感器是电喷发动机的重要传感器之一。它将吸入的空气流量转换成电信号送至电子控制单元(ECU),作为决定喷油的基本信号之一。电子控制汽油喷射发动机为了在各种运转工况下都能获得最佳浓度的混合气,必须正确地测定每一瞬间吸入发动机的空气量,以此作为 ECU 计算(控制)喷油量的主要依据。如果空气流量传感器或线路出现故障,ECU 得不到正确的进气量信号,就不能正常地进行喷油量的控制,将造成混合气过浓或过稀,使发动机运转不正常。电子控制汽油喷射系统的进气流量传感器有多种形式,目前常见的空气流量传感器按其结构形式可分为叶片(翼板)式、量芯式、热线式、热膜式、卡门涡旋式等。

空气流量传感器是测定吸入发动机空气流量的。在安装过程中要保证安装连接紧固,密封部件无破损,对空气流量传感器及时进行清洁,如果出现故障及时更换。

六、空气温度传感器

空气温度传感器是双线的传感器,安装在进气管上或空气流量传感器内,用于检测发动机的进气温度,将进气温度转变为电压信号输入 ECU 作为喷油修正的信号。电控汽油喷射发动机为了在各种运转工况下都能获得最佳温度的混合气,必须正确地测定每一瞬间吸入发动机的空气温度,以此作为 ECU 计算(控制)混合气加热的主要依据。如果空气温度传感器或线路出现故障,ECU 得不到正确的进气温度信号,就不能正常地进行喷油控制,将造成混合气过浓或过稀,使发动机运转不正常。

空气温度传感器在安装过程中要保证安装连接紧固,密封部件无破损,对空气温度传感器应及时进行清洁,如果出现故障及时更换。

七、空气压力传感器

电喷发动机中采用空气压力传感器来检测进气量的称为速度密度型喷射系统。空气压力传感器检测的是节气门后方进气歧管的绝对压力,它根据发动机转速和负荷的大小检测出歧管内绝对压力的变化,然后转换成信号电压送至电子控制单元(ECU),ECU 依据此信号电压的大小,控制基本喷油量的大小,从而间接控制机动车排放性能。空气压力传感器种类较多,有压敏电阻式、电容式等。由于压敏电阻式空气压力传感器具有响应时间快、检测精度高、尺寸小且安装灵活等优点,因而被广泛用于速度密度型喷射系统中。如果空气压力传感器或线路出现故障,ECU 得不到正确的进气压力信号,就不能正常地进行喷油控制,将造成混合气过浓或过稀,使发动机运转不正常。

空气压力传感器检测进气量不像空气流量传感器那样直接检测,而是采用间接检测,同时它还受诸多因素的影响,因而在检测和维修中就有许多不同于空气流量传感器的地方,所产生的故障也有它的特殊性。同样,空气压力传感器在安装过程中要保证安装连接紧固,密封部件无破损,对空气压力传感器及时进行清洁,如果出现故障及时更换。

第二节　排气系统

排气系统主要由排气歧管、排气管、三元催化转换器、氧传感器、消声器等构成,如图 4-3 所示。

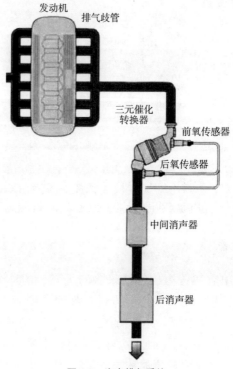

图 4-3　汽车排气系统

一、氧传感器

在使用三元催化转换器以减少排气污染的汽车上,氧传感器是必不可少的元件。由于混合气的空燃比一旦偏离理论空燃比,三元催化剂对 CO、HC 和 NO_x 的净化能力将急剧下降,故在排气管中安装氧传感器,用以检测排气中氧的浓度,并向 ECU 发出反馈信号,再由 ECU 控制喷油器喷油量的增减,从而将混合气的空燃比控制在理论值附近。氧传感器是电喷闭环控制的关键零部件,若其失效,尾气排放将不达标。

氧传感器的作用是测定发动机燃烧后的排气中氧是否过剩,即氧气含量,并把氧气含量转换成电压信号传递到发动机 ECU,使发动机能够实现以过量空气系数为目标的闭环控制,确保三元催化转换器对排气中的 HC、CO 和 NO_x 三种污染物都有最大的转换效率,最大限度地进行排放污染物的转换和净化。

氧传感器在安装过程中要保证安装连接紧固,密封部件无破损,对传感器及时进行清洁,如果出现故障及时更换;在更换传感器前,应用螺纹清洁器和松丝剂清洁连接螺纹;应避免任何油污;严禁拉、折氧传感器导线;在正常热机后发动机转速为 2000r/min 时,氧传感器输出波形不少于 5 个/10s。

二、热反应器

热反应器是通过均质气体非催化反应来氧化汽油机排气中烃和 CO 的装置。其原理是基于这类反应器在一段时间内(平均为 100ms)能保持排气高温(800~900℃),排气离开汽缸后,在排气过程中将继续进行氧化反应。热反应器属氧化装置,不能除去 NO_x。它通常是一种大型容器,备有绝热良好的隔热套,取代了常规排气歧管,被安装在紧靠发动机处。在富燃料燃烧的情况下,热反应器需要二次空气喷射系统,以完全氧化排气中较高浓度的氢和 CO(通常为百分之几),并维持较高的反应温度,故其转化效率较高;在贫燃料燃烧的情况下,不需要二次空气喷射系统,其运转温度主要由排气温度决定,运行温度较低,导致转化效率较低。

近年来由于有效的催化转换器的发展,对热反应器的需要已大为减少。如果热反应器功能出现异常将直接影响汽车尾气排放物中 CO 的含量。热反应器应保持外观清洁无破损,密封严密,各管线接头接触良好,如果破损要及时更换。

第三节 燃油供给系统

汽油车燃油供给系统主要由燃油箱、油泵、油管、活性炭罐、喷油器、燃油压力调节器等构成,如图4-4所示。

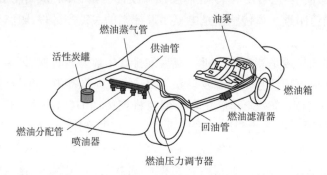

图4-4 汽油车燃油供给系统

柴油车燃油供给系统主要由柴油箱、油泵、高压油管、低压油管、喷油器等构成,如图4-5所示。

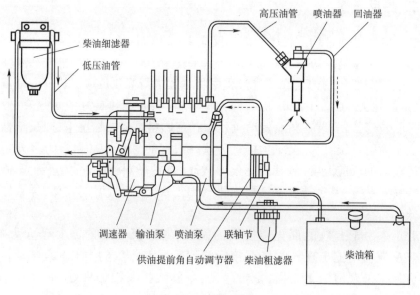

图4-5 柴油车燃油供给系统

一、高压共轨系统

高压共轨系统是指由高压油泵、压力传感器和 ECU 组成的闭环系统。共轨是指将喷射压力的产生和喷射过程彼此完全分开的一种供油方式,由高压油泵把高压燃油输送到公共供油管,通过对公共供油管内的油压实现精确控制,使高压油管压力大小与发动机的转速无关,可以大幅度减小柴油机供油压力随发动机转速的变化,因此,也就改善了传统柴油机的缺陷。ECU 控制喷油器的喷油量,喷油量大小取决于燃油轨(公共供油管)压力和电磁阀开启时间的长短。高压共轨系统将燃油压力产生和燃油喷射分离开来,开辟了降低柴油发动机排放和噪声的新途径。

共轨系统与之前以凸轮轴驱动的柴油喷射系统不同,共轨式柴油喷射系统将喷射压力的产生和喷射过程彼此完全分开。电磁阀控制的喷油器替代了传统的机械式喷油器,燃油轨中的燃油压力由一个径向柱塞式高压泵产生,压力大小与发动机的转速无关,可在一定范围内自由设定。共轨中的燃油压力由一个电磁压力调节阀控制,根据发动机的工作需要进行连续压力调节。电控单元作用于喷油器电磁阀上的脉冲信号控制燃油的喷射过程,喷油量的大小取决于燃油轨中的油压和电磁阀开启时间的长短,及喷油嘴液体流动特性。

如果高压共轨系统出现问题,主喷射初期喷射速率会升高,着火延迟期内喷入汽缸内的油量会增加;主喷射中期的喷射速率会降低,使燃烧在发动机内进行得不完全,输出功率下降,燃油消耗增加,炭烟排放升高;主喷射末期断油不明显,不完全燃烧的燃油增多,烟度和 HC 排放升高。日常维护时要紧固电器接插件及管路接头,及时更换控制阀和传感器;按使用说明定期更换滤清器,否则,会造成喷油器、高压泵损坏。

二、喷油泵

喷油泵的功能是按照柴油机的运行工况和汽缸工作顺序,以一定的规律适时、定量地向喷油器输送高压燃油。喷油泵是柴油机一个重要组成部分,被视为柴油发动机的"心脏"部件,它一旦出现问题会使整个柴油机工作失常。

喷油泵的吸油和压油,由柱塞在柱塞套内的往复运动来完成。当柱塞位于下部位置时,柱塞套上的两个油孔被打开,柱塞套内腔与泵体内的油道相通,燃油迅速注满油室,当凸轮顶到滚轮体的滚轮上时,柱塞便升起。从柱塞开始向上运动到油孔被柱塞上端面挡住前为止,在这一段时间内,由于柱塞的运动,燃油从油室被挤出,流向油道,这段行程称为预行程。当柱塞将油孔挡住时,便开始压油过程。

汽车排放性能维护技术

柱塞上行,油室内油压急剧升高。当压力超过出油阀的弹簧弹力和上部油压时,就顶开出油阀,燃油压入油管送至喷油器。

喷油泵是柴油机的"心脏",故对喷油泵必须进行正确的维护。向柴油机上安装喷油泵时,必须检查调整供油提前角;柴油机运转500h后,要重新检查调整供油提前角;必须采用国家标准的轻柴油,柴油要经过48～96h沉淀过滤;平时要注意对柴油箱及柴油滤清器的清洁干净;若机油面因机油稀释升高,说明喷油泵及输油泵严重漏油,应及时排除;喷油泵不得随意拆卸、调整,尤其是有封标的部位,确需拆卸维修时,要洁净场所后再进行;喷油泵每工作2000h,要全面拆卸检查,更换或修复磨损严重及已损坏了的零部件,并对其进行重新调试。

三、供油定时控制电磁阀

电磁控制阀控制柴油机高压油泵喷油量与喷油正时,采用一个与高压油泵柱塞运动方向一致的电磁铁控制三通阀来控制油泵建立高压燃油,由此控制喷入柴油机的油量和喷油正时。当柱塞向减小柱塞顶端压力油腔容积的方向运动时,压力油经高压油控制阀杆与阀座间的间隙进入回油孔,压力油腔内压力升高不显著,而当高压油控制阀杆和与之紧固在一起的衔铁被通电的电磁铁吸引,并克服复位弹簧的阻力使阀杆与阀座接触而封闭回油通道时,燃油压迅速上升,通过柴油机喷油器喷入汽缸内的燃烧室。当电磁铁的电流断开时,阀杆在复位弹簧和高压燃油施加于阀杆锥面上的力作用下迅速离开阀座,高压油经回油孔迅速减压,柴油机喷油器停止喷油。

电控单元根据最后确定的供油时刻,向供油定时控制电磁阀通电,可动铁芯被电磁力吸引,压缩弹簧向右移动,打开喷油提前器高压腔通往低压腔的油路,使喷油提前器活塞两侧的压差缩小,活塞向右移动,供油时刻推迟,即供油提前角缩小。

通过供油定时控制电磁阀的电流是脉冲电流,电控单元通过改变脉冲电流的占空比来改变喷油提前器的高压腔向低压腔的流通截面积,以调整喷油提前器活塞两侧的压力差,使活塞产生不同的位移,达到控制供油时刻的目的,从而控制耗油量,间接影响机动车的排放性能。供油定时控制电磁阀使用过程中应保持外观清洁、各接口正确连接;接插件和线束无破损,安装牢固;如果出现问题及时更换电磁阀或相关管路、线束。

四、活性炭罐

活性炭罐装在油箱和发动机之间。由于汽油是一种易挥发的液体,在常温下燃油箱经常充满蒸气，燃料蒸发排放控制系统的作用是将蒸气引入燃烧并防止挥发到大气中。这个过程起重要作用的是活性炭罐储存装置。

因为活性炭有吸附功能，当汽车运行或熄火时，燃油箱的汽油蒸气通过管路进入活性炭罐的上部，新鲜空气则从活性炭罐下部进入活性炭罐。发动机熄火后，汽油蒸气与新鲜空气在罐内混合并储存在活性炭罐中，当发动机起动后，装在活性炭罐与进气歧管之间的燃油蒸发净化装置的电磁阀门打开，活性炭罐内的汽油蒸气被吸入进气歧管参加燃烧。活性炭罐属于汽油蒸发控制系统（EVAP）的一部分，该系统是为了避免发动机停止运转后燃油蒸气逸入大气而被引入的，这样做不但降低了排放，而且也降低了油耗。

在使用过程中，活性炭罐应保持通气顺畅，外观无明显损伤。

第四节 点火系统

汽车点火系统主要由火花塞、点火线圈、高压线、点火开关等构成，如图4-6所示。

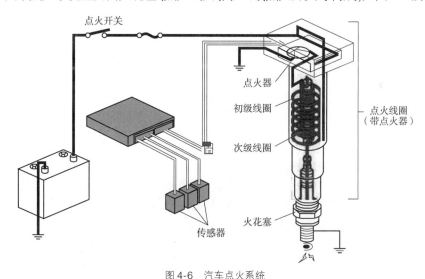

图4-6 汽车点火系统

一、火花塞

火花塞是通过产生电火花从而引燃汽缸内的混合气体。火花塞由中心电极和侧电极组成，安装在发动机燃烧室中，用来将高压电引入燃烧室，并提供一个跳火间隙，间隙的大小直接影响着发动机的起动、功率、工作稳定性和经济性。火花塞主要零件是绝缘体、壳体、接线螺杆和电极。绝缘体必须具有良好的绝缘性和导热性、较高的机械强度,能耐受高温热冲击和化学腐蚀,材料通常是95%的氧化铝瓷。火花塞工作在高温、高压的恶劣条件下,是汽油发动机的易损件之一。

在火花塞间隙一定的情况下,HC的排放浓度随火花塞间隙增大而降低;CO排放浓度随火花塞间隙的增大呈锯齿形状变化,即火花塞间隙开始增大,CO排放浓度增加,火花塞间隙继续增大,CO排放浓度随之降低。CO和HC的排放浓度随分电器触点间隙的增大而增加。由上可知:

(1)凡燃烧不完全或使混合气浓度降低的因素一般均会导致CO和HC的排放浓度增加。

(2)各因素对CO和HC排放浓度的影响程度是不一致的,因此,不可能采用同一种措施使CO和HC的排放浓度同时降低。

(3)对控制排气污染有利的因素,往往对发动机动力性、燃油经济性不利,如推迟点火提前角、缩小分电器触点间隙等。因此,在实际调整过程中,要考虑其影响的综合效果。

当火花塞附着有乌黑的炭,用细金属丝等刮附着物时,如果容易刮掉,则说明附着物为混合气燃烧时产生的积炭,此时清洗后,火花塞的性能就会恢复,并且因附着炭而被熏黑的原因是混合气过浓或机油窜至汽缸内。因此,应对这些情况进行检查。如果没有产生上述原因,但火花塞仍有被熏黑的现象,则说明这是由于车辆使用条件和火花塞热值不当而导致的。应立即更换为合适热值的火花塞。

呈乌黑而潮湿的状态一般是因阻风门使用频率过高,造成过多地吸入了过浓的混合气,或因空气滤清器滤芯堵塞而吸入了过浓的混合气,又或者是火花塞的热值过高等引起的。若因过量吸入过浓混合气,则使火花塞干燥,其性能就可恢复。

绝缘体烧成雪白或局部与电极一起烧化,这是因为电极部位过热产生的,是由于冷却系统不正常、混合气过稀而引起的。倘若没有上述问题而仍出现过热现象,则是由于行驶条件和火花塞热值不当而引起的,应立即更换为高热值的火花塞。

用塞尺检查火花塞的中心电极与搭铁电极间的间隙,偏离规定值时,应进行调整。火花塞漏气大多是由于绝缘体与壳体密封不良引起的。绝缘体与壳体之间漏气时,通常在绝缘体外表面沿漏气方向出现黑色条纹,火花塞漏气不仅影响汽缸的密封性,还容易引起火花塞过热,而且还会沿漏气部位产生积炭,降低绝缘体的绝缘性能。火花塞漏气时,应及时更换。

二、点火线圈

点火线圈主要由一次绕组(初级绕组)、二次绕组(次级绕组)、铁芯等组成,用来将12V或24V的低压直流电变为15~20kV的高压直流电。

点火线圈的故障主要是线束接插、点火线圈内部短路/断路引起点火能量的变化或失火,严重影响油耗和排放性能。点火线圈导线要求用屏蔽线。使用过程中一定要确保高压线接触可靠,接插件接插良好,无松动现象。如果出现问题应及时更换点火线圈。

三、高压线

发动机需要输送15000~30000V的高压电进行点火。一般导线绝缘程度不够,必须用一种特制的高压线,外皮是高绝缘度橡胶,内芯多采用碳素原料做导体。

使用过程中应检查高压线端子有无退出的现象。高压线接触不良,将引起ECU信号悬浮或信号干扰,使ECU工作不正常。高压线要保证安装紧固,及时清理高压线表面灰尘,更换高压线。

第五节 冷却系统

汽车冷却系统主要由水泵、散热器、节温器、冷却液温度传感器、管路等构成,如图4-7所示。

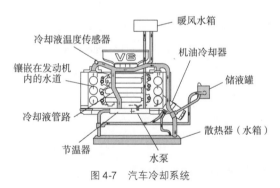

图4-7 汽车冷却系统

一、冷却液温度传感器

冷却液温度传感器用来检测发动机循环冷却液的温度,并将检测结果传输给ECU以便修正喷油量和点火正时。冷却液温度传感器常采用对温度变化非常敏感的热敏电阻,传感器的两根导线都和ECU连接,其中一根为搭铁线。

冷却液温度传感器故障会产生冷热车起动调整不良、冷车和暖机过程中怠速不稳的现象,根据这些故障现象,可以作为判断该传感器是否有故障的依据。传感器出现故障后,会有故障码产生,但当传感器出现信号不准时,不会产生故障码,会造成向ECU输送假信号。

在维护冷却液温度传感器时,应检查安装是否可靠,外观应清洁,无明显损伤,传感器功能应正常。

二、节温器

节温器是控制冷却液流动路径的阀门,它根据冷却液温度的高低,打开或关闭冷却液通向散热器的通道。例如,当冷起动发动机时,节温器关闭冷却液流向散热器的通道,这时冷却液经水泵入口直接流回机体及汽缸盖水套,使冷却液迅速升温。在判断节温器故障问题时要检查以下几项。

(1)检查冷却液的液位:要定期检查该项,以防因为冷却液少而使发动机温度过高。

(2)检查散热器:散热器口不应有过多的水垢,外部不应有泥灰、油污、草叶等杂物覆盖或者堵塞,更不应有漏水。

(3)检查散热器进出水管及散热器的温度:如果进出水管的温度相差很大,散热器的温度也不均匀,说明节温器没有完全打开或者散热器本身有问题;节温器打开后,若发动机转速一定,散热器的进水管应有相应的出水量;当发动机转速升高后,出水量也应该有相应的增加,否则就要检查水泵和节温器。

(4)散热器加水时是否进水缓慢:如果比以前缓慢,可能是因为散热器或缸体内有水垢堵塞,或者是有气阻现象。此时应将节温器壳的出水口打开检查,若进水顺利则说明是气阻,加水至节温器出水口为止;如果打开水口水流不畅,说明有堵塞,应清理、除垢。

第六节 配气机构

配气机构主要由凸轮轴、推杆、摇臂、摇臂轴、气门弹簧及气门导管等组成,如图4-8所示。

凸轮轴位置传感器的功用是采集配气凸轮轴的位置信号,并输入ECU,以便ECU识别汽缸压缩上止点,从而进行顺序喷油控制、点火时刻控制和爆燃控制。此外,凸轮轴位置信号还用于发动机起动时识别出第一次点火时刻。因凸轮轴位置传感器能够识别哪一个汽缸活塞即将到达上止点,所以也称为汽缸识别传感器。

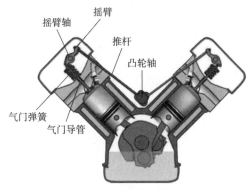

图 4-8　配气机构

凸轮轴位置传感器在使用时,应与线束连接紧固,保持外观清洁,如果功能出现异常应及时清洁或更换。

第七节　其他

一、发动机转速传感器

发动机转速传感器一般由一个磁铁芯和绕在磁铁上的线圈组成,当齿轮转动时,传感器产生感应电压。

发动机转速传感器在使用时,应与线束连接紧固,保持外观清洁,如果功能出现异常应及时清洁或更换。

二、曲轴位置传感器

曲轴位置传感器用于确定曲轴的位置,传递信息给 ECU,ECU 分析数据后,发出指令点火,共同检测点火正时。曲轴位置传感器通常安装在分电器内,是控制系统中最重要的传感器之一,其作用有:检测发动机转速,因此又称为转速传感器;检测活塞上止点位置,故也称为上止点传感器,包括检测用于控制点火的各缸上止点信号、用于控制顺序喷油的第一缸上止点信号。

曲轴位置传感器在使用时,应与线束连接紧固,保持外观清洁,如果功能出现异常应及时清洁或更换。

三、车速传感器

车速传感器用于检测汽车速度,以便控制发动机怠速、自动变速器的变矩器锁止、自动变速器换挡及发动机冷却风扇的开闭等。车速传感器通常安装在驱动桥壳或变速器壳内,车速传感器信号线通常装在屏蔽的外套内,这是为了消除由高压点火线及车载电话或其他电子设备产生的电磁及射频干扰,用于保证电子通信不产生中断,防止造成驾驶性能变差或其他问题。

车速传感器在使用时,应与线束连接紧固,保持外观清洁,如果功能出现异常应及时清洁或更换。

四、曲轴箱强制通风系统

曲轴箱强制通风系统又称 PCV 系统。当发动机工作时,进气管真空度吸引新鲜空气经空气滤清器、空气软管进入汽缸盖罩,再由汽缸盖和机体上的孔道进入曲轴箱。在曲轴箱内新鲜空气和曲轴箱气体混合后经汽缸盖罩、PCV 阀和曲轴箱气体软管进入进气管,最后经进气门进入燃烧室烧掉。根据发动机不同的工况,PCV 阀的开度不同,通过的空气量也不同,由此可对曲轴箱通风进行控制。

PCV 阀促使发动机换气,但窜气中的污染物会沉积在 PCV 阀的周围,可能使阀堵塞。如果 PCV 阀堵塞,则污染气体逆向流入空气滤清器,污染滤芯,使过滤能力降低,导致燃料消耗增大,发动机磨损加剧,甚至损坏发动机。因此,须定期维护 PCV 系统,清除 PCV 阀周围的污染物,更换 PCV 阀、软管、调压器膜片。发动机每运转 3 年或者车辆每行驶 6 万 km,就应当更换 PCV 阀。

五、OBD 报警系统

OBD 是车载自动诊断系统,英文 On-Board Diagnostics 的缩写。OBD 根据发动机的运行状况随时监控汽车排气污染物是否超标,一旦超标,会马上发出警示,当系统出现故障时,故障灯或检查发动机警告灯亮,同时动力总成控制模块将故障信息存入存储器,通过诊断仪可读取故障码。根据故障码的提示,维修人员可迅速准确地确定故障的性质和部位。

OBD 装置监测多个系统和部件,包括发动机、三元催化转换器、颗粒捕集器、氧传感器、排放控制系统、燃油供给系统、EGR 等。如果 OBD 系统出现异常时,应检查故障灯,利用诊断仪进行故障排查。

第五章
CHAPTER 5

汽车排放性能检测诊断与维护

按照先检测诊断后维护的原则,在进行维护前要按照相应的排放标准进行排放性能检测,对于排放不合格车辆应进行故障诊断,确定维护项目。本章主要介绍目前现行的排放检测方法、检测设备、故障诊断方法及诊断流程。

第一节　汽油车排气污染物检测

《汽油车污染物排放限值及测量方法(双怠速法及简易工况法)》(GB 18285—2018)中规定了对汽油车的排气污染物检测采用双怠速法和简易工况法。双怠速指怠速和高怠速工况,简易工况包括稳态工况法、瞬态工况法和简易瞬态工况法。在全国范围内进行的汽车环保定期检验应采用标准规定的简易工况法进行,对无法使用简易工况法的车辆,可采用标准规定的双怠速法进行。

一、双怠速法

双怠速法检测采用依据不分光红外线法的排气分析仪测量 CO、CO_2、HC 的浓度值,O_2 可采用电化学法,同时,还需测量发动机转速和机油温度。测量过程中发动机从怠速状态加速至 70% 额定转速或企业规定的暖机转速,运转 30s 后降至高怠速状态,维持 15s 后,由具有平均值功能的仪器读数 30s 内的平均值,其平均值即为高怠速工况污染物测量结果,同时计算空气过量系数值。发动机从高怠速降至怠速状态 15s 后,仪器读取 30s 内的平均值即为怠速工况污染物测量值。双怠速法如果检测污染物有一项超过规定的限值,则认为排放不合格。对于使用闭环控制电控燃油喷射系统和三元催化转换器技术的汽车,如果检测的过量空气系数超过标准要求,则认为排放不合格。

二、稳态工况法

稳态工况法是在底盘测功机上进行 ASM5025 和 ASM2540 两个工况,具体工况如图 5-1 和表 5-1 所示,采用汽车尾气分析仪(图 5-2)测量污染物 HC、CO、CO_2 和 NO_x 的浓度值。

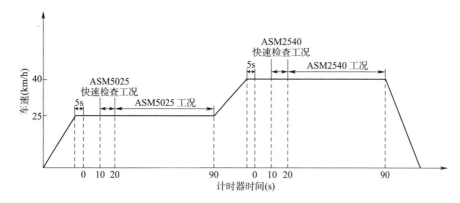

图 5-1 稳态工况法(ASM)运转循环

稳态工况法(ASM)测试运转循环表   表 5-1

工况	运转次序	速度（km/h）	操作持续时间 mt（s）	测试时间 t（s）
5025	1	0~25	—	—
	2	25	5	90
	3	25	10	
	4	25	10	
	5	25	70	
2540	6	25~40	—	—
	7	40	5	90
	8	40	10	
	9	40	10	
	10	40	70	

图 5-2 汽车尾气分析仪

三、瞬态工况法

瞬态工况法是在底盘测功机上进行如图 5-3 所示的运转循环工况,采用 CVS 定容取样系统(图 5-4)测量 HC、CO、CO_2、NO_x 的质量(g/km)。

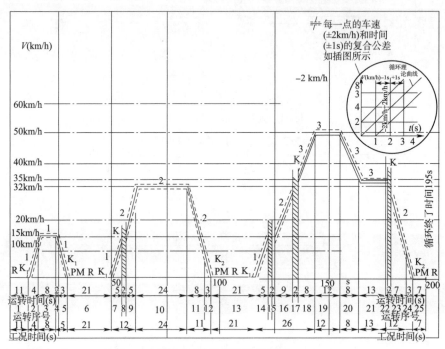

图 5-3　瞬态工况法运转循环

K-离合器脱开;K_1,K_2-离合器脱开,变速器在一挡或二挡;1-一挡;2-二挡;3-三挡;PM-空挡;R-怠速; -换挡

图 5-4　CVS 定容取样系统

四、简易瞬态工况法

简易瞬态工况法在底盘测功机上同样采用如图 5-3 所示的运转循环工况,采用尾气分析仪和气体流量分析仪(图 5-5)测量 HC、CO、CO_2、NO_x 的质量(g/km),此系统即为 Vmas 系统。

图 5-5　气体流量分析仪

第二节　柴油车排气烟度检测

《柴油车污染物排放限值及测量方法(自由加速法及加载减速法)》(GB 3847—2018)规定了对柴油车的排气烟度检测采用自由加速法和加载减速工况法。

一、自由加速工况

自由加速工况检测前,发动机应充分预热,并扫清排气系统中的残留污染物。每个自由加速循环的开始点发动机均处于怠速状态,对重型发动机,将加速踏板放开后至少等待 10s。必须在 1s 内,将加速踏板快速、连续地完全踩到底,使喷油泵在最短时间内供给最大油量,在松开加速踏板前,发动机应达到额定转速,检测过程应重复进行三次自由加速过程,烟度计记录每次自由加速过程最大值,并以上述三次自由加速烟度最大值的算术平均值作为测量结果。

二、加载减速工况

加载减速工况排放检测由三部分组成:第一部分是对车辆进行预先检查,以检查受检车辆身份与车辆行驶证是否一致,以及进行排放检测的安全性检查;第二部分是检查检测系统和车辆状况是否适合进行检测;第三部分则是进行排放检测,由主控计算机系统控制自动进行排放检测,以保证检测过程的一致性和检测结果的可靠性。每条检测线至少应设置三个岗位:计算机操作岗位、受检车辆驾驶员岗位、辅助检查岗位,各岗位人员均应随时注意受检车辆在检测过程中是否出现异常情况。

在全国范围内进行的汽车环保定期检验应采用标准规定的加载减速法进行,对无法按加载减速法进行测试的车辆,可采用标准规定的自由加速法进行。不透光烟度计和底盘测功机如图 5-6 所示。

图 5-6　不透光烟度计和底盘测功机

第三节　汽车排放维护诊断方法

本节主要介绍排放检测不合格车辆的维护技术。在对排放不合格车辆进行维护前应先进行故障查找,确定维护项目。

一、诊断仪检测

对于排放限值不达标车辆,首先可利用诊断仪(图 5-7)读取车载诊断系统(OBD)故障码。OBD 用于监控所有对废气质量有重要影响的部件,保护催化净化器不受损害,如果与废气相关的部件出现故障,OBD 会存储故障并报警。通常 OBD 会监控催化转换器、氧传感器、燃烧中断识别装置、二次空气喷射系统、废气再循环系统、有检漏功能的燃油箱通风装置、燃油分配系统、所有与控制单元相连的传感器和执行元件等,当与排气相关的部件出现故障时,故障指示灯(图 5-8)会以常亮或闪亮方式亮起提示驾驶员,维修人员可以利用诊断仪通过诊断接口读取OBD故障码,通过故障码确定维护项目。

图5-7 诊断仪

图5-8 OBD故障指示灯及接口

对于无故障码的车辆,应利用诊断仪,读取车辆电控单元数据流中与尾气排放相关的发动机转速、冷却液温度、喷油脉宽、进气流量、进气压力、进气温度、氧传感器、爆震传感器、点火时刻、节气门位置传感器等数值,与车辆维修手册中的允许值进行比较,查找故障原因,确定维护项目。

二、排气分析仪检测

汽车排气分析仪(图5-9和图5-10)不仅是测量尾气排放的工具,在发动机不同工作状况下,还可以通过检测废气中不同成分气体的含量,综合分析评价发动机的燃烧状况,以此判断排放不合格的故障原因。因此,对于汽油车,诊断仪未能检出故障时,可采用排气分析仪进行排放分析,确定维护项目。

采用排气分析仪进行诊断,通常需要诊断人员有丰富的车辆排放性能维护经验,并且对汽车排气中CO、CO_2、HC和O_2生成机理有深入的了解。

CO_2浓度可以反映出燃烧的效率。混合气充分燃烧时,CO_2浓度将达到峰值,峰值为 13.8%~14.8%；当混合气变浓或变稀时，CO_2 浓度均会降低。

图 5-9 点燃式机动车排气分析仪

图 5-10 压燃式机动车排气分析仪

O_2 浓度是反映空燃比的最好指标，燃烧正常时，排气中 O_2 浓度为 1.0%~2.0%。燃油滤清器滤芯太脏、燃油压力低、喷油器堵塞、真空泄漏、EGR 阀泄漏等，都可能导致混合气过稀，此时 O_2 浓度偏高，CO 浓度偏低，反之，若混合气过浓，O_2 浓度偏低，CO 浓度偏高。

HC 浓度偏高说明燃烧不充分，汽缸压力不足、发动机温度过低、油箱中燃油蒸发、混合气由燃烧室向曲轴箱泄漏。混合气过浓或过稀、点火正时有误、间歇性失火、温度传感器故障、喷油器漏油或堵塞、油压过高或过低等因素都会导致 HC 浓度过高。

CO 浓度过高说明燃烧不完全，混合气过浓会生成大量的 CO，CO 浓度过高也可能是由混合气不清洁、活塞环胶结阻塞、燃油供应较多、空气少、点火太迟等原因造成。对于电喷发动机，CO 浓度过高可能是喷油器漏油、燃油压力过高或电控系统产生故障。

另外，过量空气系数 λ 也可反映发动机工作情况，空燃比一般在 0.97~1.04 之间。大于该值，说明空燃比过大，混合气过稀；小于该值，则空燃比过小，混合气过浓。

在具体诊断过程中，O_2 浓度是最重要的诊断数据之一，O_2 浓度和其他三个浓度值（CO、CO_2、HC）组合可诊断出故障原因。通常，一个良好的电喷汽车尾气排放中碳氢浓度（C_{HC}）大约为 $55×10^{-6}$，一氧化碳浓度（C_{CO}）低于 0.5%，氧气浓度（C_{O_2}）为 1.0%~2.0%，二氧化碳浓度（C_{CO_2}）为 13.8%~14.8%，表 5-2 给出了一个常见的尾气排放值与系统故障经验判断分析。

尾气排放值与系统故障判断分析　　　　表 5-2

C_{CO}	C_{HC}	C_{CO_2}	C_{O_2}	故障原因
低	很高	低	低	间歇性失火
低	很高	低	低	汽缸压力不正常

续上表

C_{CO}	C_{HC}	C_{CO_2}	C_{O_2}	故障原因
很高	很高/高	低	低	混合气浓
很低	很高/高	低	很高/高	混合气稀
高	低	正常	正常	点火延迟
低	高	正常	正常	点火太早
变化	变化	低	正常	EGR阀泄漏
很低	很低	很低	很高	空气喷射系统故障
低	低	低	高	排气管泄漏

以下介绍一个发动机故障指示灯显示为正常,利用排气分析仪进行检测诊断的实例。一辆电喷汽车,发动机故障指示灯显示为正常,利用排气分析仪检测结果见表5-3。

故障车辆尾气排放实测值　　　　　　表5-3

C_{CO}	C_{HC}	C_{CO_2}	C_{O_2}	λ
0.46%	256×10^{-6}	14.6%	2.56%	1.12

从上述数据可以看出,HC、O_2浓度和λ偏高,说明空燃比失衡;CO浓度偏低,CO_2处于峰值,说明混合气已经充分燃烧,点火系统不应存在问题,根据上述各排气浓度值综合分析,该车可能是由于混合气浓度偏稀造成的故障,因此应对进气系统和供油系统进行检查。检查真空管无漏气、错插现象,PCV阀密封良好。检查EGR阀,发现针阀周围有积炭,EGR阀通道上有很多积炭,使针阀不能落入阀座,致使进气歧管的混合气被废气稀释。经对EGR阀进行彻底清洗,换用新垫,再次用排气分析仪测量,数据结果见表5-4,数据显示各气体浓度值在正常范围内。

维修后车辆尾气排放实测值　　　　　　表5-4

C_{CO}	C_{HC}	C_{CO_2}	C_{O_2}	λ
0.23%	50×10^{-6}	14.8%	1.43%	1.01

第四节　汽车排放维护诊断流程

为提高不合格车辆的维修诊断工作效率,按照《机动车维修管理规定》质量管理要求,确定了排放不合格车辆的进厂维护流程,规定了车辆故障基本检查、排放指标测试、专用仪器诊断等故障诊断方法,指导维修人员采用"六步法"由简到繁、由易到难逐级判定车辆故障原因,准确确定故障部位和维护作业项目,防止盲目维修,从根本上解决排放超标问题。对污染物排放不达标车辆进行维护时,首先应对有故障码的车辆,根据诊断仪读取的故障码,确定维护项目。无故障码的车辆通过诊断仪读取数据流,对单一数据超标的(一般不应超过规定值的±5%或±10%),采用相应维护方式进行维护。其他情况,可通过以下流程进行检测诊断(维护流程如图5-11所示),判断查找故障原因。

(1)车辆进厂后,应先对车辆进行基本检查,再进行维护作业。进行基本检查是为提高排放检测诊断的准确性及维护质量。对于基本项目检查不符合要求的项目,应先进行维修。

①发动机怠速时应运行平稳;

②发动机怠速和转速在1500~2000r/min时,蓄电池端电压应符合要求;

③车辆进气系统和排气系统应不漏气;

④冷却系统应工作正常,无泄漏,冷却液液位应符合要求;

⑤润滑系统应工作正常,无泄漏;

⑥供油系统应工作正常,无泄漏;

⑦汽缸压力及泄漏量应符合要求。

(2)对车辆进行排放检测,记录排气污染物实测值,确定车辆排放状态。汽车排放污染物来源于发动机中燃油的燃烧,它包含着许多成分,且生成的条件各有不同,汽车污染物排放主要与发动机混合气形成、燃烧过程及燃烧结束后在排气过程中的后处理有关。记录具体排放数值,便于维修人员根据排放值进行下一步诊断。

(3)利用诊断仪读取故障码及数据流,根据汽车维修手册给出的数值范围进行分析,确定作业项目。对于无故障码的车辆,利用诊断仪读取车辆电控单元数据流(如发动机转速、冷却液温度、喷油脉宽、进气流量、进气压力、进气温度、氧传感器、爆震传感器、点火时刻、节气门位置传感器等数据),与汽车生产企业公开的维修技术信息中的允许值进行比较,查找故障原因,确定具体维护项目。

(4)诊断仪未能检出排放性能相关故障时,根据进厂排放检测时的排气污染物实测值和客户提供的检测站排放检测报告,结合影响排放性能的关键零部件进行排查诊断,确定作业项目。

(5)对于确定的作业项目,参考车辆维修手册或给出的关键零部件作业要求进行分析、维护或修理。

(6)作业完成后,应对相关电控系统进行初始化设定,保证系统功能正常,车辆处于正常状态。

(7)根据维修质量管理要求,在车辆出厂前,应进行整车排放性能检测,不合格的车辆应重新进行诊断维修,整车排放检测合格的方可签发竣工出厂合格证。

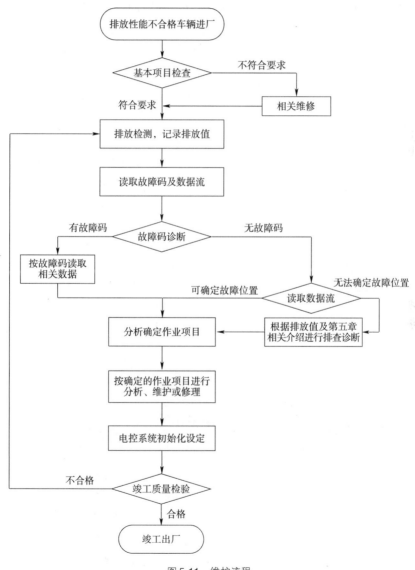

图 5-11　维护流程

第五节 汽车排放性能维护关键零部件

影响汽车排放性能的因素较多,本书结合 50 多家汽车生产企业的近百个主流车型,分析了目前车辆排放系统技术配置和排放性能的影响因子,按汽、柴油及燃气发动机系统进行了分类,并参照汽车生产企业维修技术手册中的维护作业要求,按照点燃式发动机和压燃式发动机两种类别,给出影响排放性能的关键项作为诊断时的参考依据,并列出发动机进气、排气、供油、点火、冷却等系统关键部件的作业项目和作业要求,确保各部件功能正常,这是解决车辆排放超标最基本的作业要求。点燃式发动机汽车关键零部件作业项目和要求见表 5-5,压燃式发动机汽车关键零部件作业项目和要求见表 5-6。

点燃式发动机汽车关键零部件作业项目和要求　　表 5-5

	作业项目	作业要求
进气系统	空气滤清器	1. 滤芯应清洁,无破损; 2. 连接管无破损漏气,密封良好,安装牢固
	涡轮增压器	1. 内部无杂质; 2. 壳体组装紧密无松脱,不漏气、油、水; 3. 无异响
	涡轮增压压力传感器	1. 外观清洁,无明显损伤; 2. 安装可靠,不漏气,与线束连接紧固; 3. 密封部件无破损; 4. 发动机未起动时,传感器静态值为 1 个大气压,发动机怠速时应低于 1 个大气压,发动机加速时传感器数值应有变化
	涡轮增压控制电磁阀	1. 外观清洁,无明显损伤; 2. 各接口连接正确; 3. 接插件和线束无破损,安装牢固; 4. 电磁阀功能正常
	节气门	1. 外观及内部清洁,无明显损伤; 2. 节气门阀片无起边、磕碰等现象
	节气门位置传感器 空气流量传感器 空气温度传感器 空气压力传感器	1. 外观清洁,无明显损伤; 2. 安装可靠,密封部件无破损,不漏气,与线束连接紧固; 3. 传感器功能正常

续上表

作业项目		作业要求
排气系统	氧传感器(空燃比传感器)	1. 外观清洁,无明显损伤; 2. 安装可靠,与线束连接紧固; 3. 密封部件无破损; 4. 发动机在高怠速转速时,过量空气系数应在0.95~1.05之间
	废气再循环(EGR)系统	1. 各接口连接正确,管路畅通; 2. 系统各元件外观清洁,连接可靠; 3. 接插件连接可靠; 4. EGR阀在发动机怠速时应关闭,加速时应能打开
	催化转换器	1. 外观无明显损伤; 2. 内部清洁无堵塞,载体无明显损坏破损,催化转换功能正常
	二次空气喷射系统	1. 系统各元件外观清洁,连接可靠; 2. 管路畅通; 3. 各控制阀功能正常
	曲轴箱通风(PCV)系统	1. 管路清洁畅通,连接可靠不漏气; 2. 各阀门无堵塞、卡滞现象; 3. 接插件连接可靠; 4. 系统功能正常
供油系统	喷油器	1. 外观清洁,安装紧固; 2. 燃油管路连接可靠外观无明显损伤; 3. 密封部件无破损; 4. 喷油器工作正常
	炭罐及电磁阀	1. 外观清洁,无明显损伤,支架安装牢固可靠; 2. 炭罐通气顺畅; 3. 电磁阀工作正常
点火系统	火花塞	1. 陶瓷体清洁,无明显损伤,接线螺母紧固; 2. 火花塞间隙在0.9~1.3mm范围内或在汽车维修手册规定的限值内,工作正常
	点火线圈	1. 安装紧固,外观清洁,无明显损伤; 2. 线圈工作正常
	高压线	1. 外观清洁,无明显损伤,安装紧固; 2. 高压线工作正常

续上表

作业项目		作业要求
冷却系统	冷却液温度传感器	1. 外观清洁,无明显损伤; 2. 安装可靠,不漏水,与线束连接紧固; 3. 传感器功能正常
	节温器	1. 节温器无卡滞或关闭不严现象; 2. 冷却液温度高于100℃时,节温器应全开,冷却液温度低于80℃时,节温器应能关闭
其他	凸轮轴位置传感器	1. 外观清洁,无明显损伤; 2. 安装可靠,与线束连接紧固; 3. 传感器功能正常
	发动机转速及曲轴位置传感器	
	爆震传感器	
	车速传感器	
	发动机系统积炭	进气歧管、气门、活塞顶、活塞环及燃烧室表面无明显积炭

压燃式发动机汽车关键零部件其他作业项目和要求 表5-6

作业项目		作业要求
排气系统	排气温度传感器	1. 安装可靠,与线束连接紧固; 2. 外观清洁,无明显损伤; 3. 传感器功能正常
	氮氧化物传感器	
	废气再循环(EGR)系统	1. 各接口连接正确,管路畅通; 2. 系统各元件外观清洁,连接可靠; 3. 接插件连接可靠; 4. EGR阀在发动机怠速时应关闭,加速时应能打开
	催化转换器	1. 外观无明显损伤; 2. 清洁无堵塞,载体无明显损坏破损; 3. 催化转换功能正常
	颗粒捕集器	1. 安装牢固,外观无明显损伤; 2. 内部清洁无堵塞,功能正常
	尿素罐及管路	1. 管路接头连接可靠; 2. 无破损,无进水和灰尘杂质等

续上表

作业项目		作业要求
排气系统	尿素计量喷射泵	1. 接插件及管路接头连接可靠; 2. 外观清洁,无进水和灰尘杂质等; 3. 喷射泵功能正常
	曲轴箱通风(PCV)系统	1. 管路清洁畅通,连接可靠不漏气; 2. 各阀门无堵塞、卡滞现象; 3. 接插件连接可靠; 4. 系统功能正常
供油系统	高压共轨系统	1. 管路无破损; 2. 各控制阀、传感器功能正常
	喷油器	1. 外观清洁,安装紧固,燃油管路连接可靠外观无明显损伤; 2. 密封部件无破损; 3. 喷油器工作正常
	供油量及供油定时控制电磁阀	1. 外观清洁,无明显损伤; 2. 各接口连接正确,接插件和线束无破损,安装牢固; 3. 电磁阀功能正常
其他	凸轮轴位置传感器	1. 外观清洁,无明显损伤; 2. 安装可靠,与线束连接紧固; 3. 传感器功能正常
	发动机转速及曲轴位置传感器	
	车速传感器	
	燃油预热系统	系统工作正常
	起动预热系统	
	发动机系统积炭	进气歧管、气门、活塞顶、活塞环及燃烧室表面无明显积炭

第六章

CHAPTER 6

汽车排放性能常见故障维护案例

通过对实施 I/M 制度的维修企业进行广泛调研,本书选取汽油车和柴油车中汽车排放性能常见故障案例,对其故障诊断和维护进行分析介绍。

第一节 汽油车排放性能常见故障维护案例

对于汽油车排放超标,维护前诊断应从易到难、由浅到深。在深入诊断之前要做好基本检查:发动机故障灯是否点亮、进气管有无泄漏、曲轴箱强制通风系统是否正常、空气滤清器是否堵塞、机油液位是否合适、冷却液液位是否正常、燃油滤清器是否堵塞、三元催化转换器外观是否异常、排气管有无泄漏、发送机是否抖动等。基本检查确认没问题之后,再进行深入诊断检查,确定维护项目。

经统计,汽车排气污染物超标维修项目主要有更换/清洗三元催化转换器、清洗发动机积炭、清洗节气门、更换火花塞、更换空气滤清器等。对于不同的排气污染物超标情况,根据排气污染物生成机理,对应不同的检测诊断顺序和重点检查部位,依次确定故障点和维护方案。

以下针对汽油车尾气排放的不同情况,对 CO、HC 和 NO_x 单项、两项和三项超标的典型案例进行分析,研究确定各种情况下的尾气排放维修诊断流程和需要重点关注的零部件。

一、CO 单项超标

汽油车尾气排放检测中,CO 单项超标,一般说明混合气偏浓,应按照空气流量传感器、空气压力传感器、空气温度传感器工作是否正常、喷油脉宽、燃油压力、喷油嘴是否正常、燃油蒸发系统炭罐是否失效、进气阀是否堵塞、氧传感器是否正常的检查顺序,依次排查故障位置。

案例 1:吉利小型汽车,进厂检验采用双怠速法检测,尾气排放检测数据见表 6-1。

进厂尾气排放检测数据1　　　　　　　　　　　　　表6-1

工况	急速			高急速		
项目	CO(%)	HC(×10⁻⁶)	NO$_x$(×10⁻⁶)	CO(%)	HC(×10⁻⁶)	NO$_x$(×10⁻⁶)
检测值	0.36	11	10.26	1.4	12.76	3.96

经检测,该车辆CO单项超标,尾气排放检测不合格。根据故障排查顺序,检查发现排气系统漏气,排气管破损,氧传感器数据不准确,导致混合气偏浓,焊接排气管后,CO排放量降低,车辆尾气排放检测数据合格。尾气排放检测数据见表6-2。

出厂尾气排放检测数据1　　　　　　　　　　　　　表6-2

工况	急速			高急速		
项目	CO(%)	HC(×10⁻⁶)	NO$_x$(×10⁻⁶)	CO(%)	HC(×10⁻⁶)	NO$_x$(×10⁻⁶)
检测值	0.17	27.16	7.66	0.03	20.86	30.86

案例2：上汽通用小汽车,进厂检验采用双急速法检测,尾气排放检测数据见表6-3。

进厂尾气排放检测数据2　　　　　　　　　　　　　表6-3

工况	急速			高急速		
项目	CO(%)	HC(×10⁻⁶)	NO$_x$(×10⁻⁶)	CO(%)	HC(×10⁻⁶)	NO$_x$(×10⁻⁶)
检测值	0.63	21.84	7.64	0.29	43.52	27.97

经检测,该车辆CO单项超标,尾气排放检测不合格。根据故障排查顺序,拔下电磁阀线束接插件,用万用表测量电磁线圈的电阻,电阻值异常,检查发现炭罐控制阀故障,燃烧室混合气浓度加浓。通过加装ECU混合气调节器,CO排放量降低,车辆尾气排放检测数据合格。尾气排放检测数据见表6-4。

出厂尾气排放检测数据2　　　　　　　　　　　　　表6-4

工况	急速			高急速		
项目	CO(%)	HC(×10⁻⁶)	NO$_x$(×10⁻⁶)	CO(%)	HC(×10⁻⁶)	NO$_x$(×10⁻⁶)
检测值	0.04	23.47	6.24	0.03	21.15	6.75

二、HC单项超标

汽油车尾气排放检测中,HC单项超标,通常为燃烧不完全,应按照火花塞是否正常,点火线圈与高压线、点火控制器、点火提前角是否正常,进气歧管真空度是否正常,喷油脉宽、喷油器、喷油压力是否正常,空气流量传感器是否正常的检查顺序,依次排查故障位置。

案例1:某小型汽车,进厂检验采用双怠速法检测,尾气排放检测数据见表6-5。

进厂尾气排放检测数据3　　　　　　　　　　　　　　　表6-5

工况	怠速			高怠速		
项目	CO(%)	HC($\times 10^{-6}$)	NO$_x$($\times 10^{-6}$)	CO(%)	HC($\times 10^{-6}$)	NO$_x$($\times 10^{-6}$)
检测值	0.03	65.71	53.19	0.03	61.3	59.52

经检测,该车辆HC单项超标,尾气排放检测不合格。根据故障排查顺序,首先确定火花塞是否工作正常,经检测,火花塞附有积炭,清洗火花塞之后,HC排放量降低,尾气排放检测合格,出厂尾气排放检测数据见表6-6。

出厂尾气排放检测数据3　　　　　　　　　　　　　　　表6-6

工况	怠速			高怠速		
项目	CO(%)	HC($\times 10^{-6}$)	NO$_x$($\times 10^{-6}$)	CO(%)	HC($\times 10^{-6}$)	NO$_x$($\times 10^{-6}$)
检测值	0.02	5	42.25	0.02	8	37.86

案例2:五菱轻型客车,进厂检验采用双怠速法检测,尾气排放检测数据见表6-7。

进厂尾气排放检测数据4　　　　　　　　　　　　　　　表6-7

工况	怠速			高怠速		
项目	CO(%)	HC($\times 10^{-6}$)	NO$_x$($\times 10^{-6}$)	CO(%)	HC($\times 10^{-6}$)	NO$_x$($\times 10^{-6}$)
检测值	0.08	174	9	0.03	85	17

经检测,该车辆HC单项超标,尾气排放检测不合格。根据故障排查顺序,确定三元催化转换器故障、火花塞严重积炭,更换了三元催化转换器、火花塞,清洁了节气门,HC的排放量降低,尾气排放检测合格,出厂尾气排放检测数据见表6-8。

出厂尾气排放检测数据4　　　　　　　　　　　　　　　表6-8

工况	怠速			高怠速		
项目	CO(%)	HC($\times 10^{-6}$)	NO$_x$($\times 10^{-6}$)	CO(%)	HC($\times 10^{-6}$)	NO$_x$($\times 10^{-6}$)
检测值	0.03	16	1	0.08	22	1

三、NO_x 单项超标

汽油车尾气排放检测中，NO_x 单项超标，首先应检查三元催化转换器是否正常，再按照确认是否装有废气再循环系统、节温器、冷却系统是否正常，节气门是否清洁，点火提前角是否正常，进气歧管真空度是否正常，喷油压力是否偏低，喷油嘴是否正常，氧传感器是否正常的检查顺序，依次排查故障位置。

案例1：某小型轿车，装有 A369A 型号发动机，车载诊断系统（OBD）故障信息正常，发动机工作状态正常。维修进厂检验采用双怠速法检测，尾气排放检测数据见表6-9。

进厂尾气排放检测数据5　　　　　　　　　　表6-9

工况	怠速			高怠速		
项目	CO(%)	HC($\times 10^{-6}$)	NO_x($\times 10^{-6}$)	CO(%)	HC($\times 10^{-6}$)	NO_x($\times 10^{-6}$)
检测值	0.01	2	104	0.01	2	362

经检测，该车辆 NO_x 单项超标，尾气排放检测不合格。根据故障排查顺序，首先确定三元催化转换器是否工作正常，经检测，三元催化转换器外部无温度变化，确认工作异常。更换三元催化转换器之后，NO_x 的排放量降低，尾气排放检测合格，出厂尾气排放检测数据见表6-10。

出厂尾气排放检测数据5　　　　　　　　　　表6-10

工况	怠速			高怠速		
项目	CO(%)	HC($\times 10^{-6}$)	NO_x($\times 10^{-6}$)	CO(%)	HC($\times 10^{-6}$)	NO_x($\times 10^{-6}$)
检测值	0.01	4	29	0.01	3	27

案例2：东风日产小型汽车，维修进厂检验采用双怠速法检测，尾气排放检测数据见表6-11。

进厂尾气排放检测数据6　　　　　　　　　　表6-11

工况	怠速			高怠速		
项目	CO(%)	HC($\times 10^{-6}$)	NO_x($\times 10^{-6}$)	CO(%)	HC($\times 10^{-6}$)	NO_x($\times 10^{-6}$)
检测值	0.02	5	5	0.02	6	66

经检测，该车辆 NO_x 单项轻微超标，尾气排放检测不合格。车主反映在猛踩加速踏板的情况下，车速也上升得较慢，初步考虑是燃油燃烧不充分。经检查确

定,节气门积炭,清洁节气门后,尾气排放检测合格,出厂尾气排放检测数据见表6-12。

出厂尾气排放检测数据6　　　　　　　表6-12

工况	急速			高急速		
项目	CO(%)	HC($\times 10^{-6}$)	NO$_x$($\times 10^{-6}$)	CO(%)	HC($\times 10^{-6}$)	NO$_x$($\times 10^{-6}$)
检测值	0.03	4	38	0.05	4	10

四、HC 和 NO$_x$ 两项超标

汽油车尾气排放检测中,HC 和 NO$_x$ 两项超标,首先应检查三元催化转换器是否正常,再按照喷油嘴是否正常、点火提前角是否正常的检查顺序,依次排查故障位置。

案例1:大众小型汽车,维修进厂检验采用双急速法检测,尾气排放检测数据见表6-13。

进厂尾气排放检测数据7　　　　　　　表6-13

工况	急速			高急速		
项目	CO(%)	HC($\times 10^{-6}$)	NO$_x$($\times 10^{-6}$)	CO(%)	HC($\times 10^{-6}$)	NO$_x$($\times 10^{-6}$)
检测值	0.09	147	82	0.17	227	393

经检测,该车辆 HC 和 NO$_x$ 两项超标,尾气排放检测不合格。根据故障排查顺序,首先确定三元催化转换器是否工作正常,内窥镜检查三元催化转换器内部严重堵塞,清洗三元催化转换器后,HC 和 NO$_x$ 的排放量降低,尾气排放检测合格,出厂尾气排放检测数据见表6-14。

出厂尾气排放检测数据7　　　　　　　表6-14

工况	急速			高急速		
项目	CO(%)	HC($\times 10^{-6}$)	NO$_x$($\times 10^{-6}$)	CO(%)	HC($\times 10^{-6}$)	NO$_x$($\times 10^{-6}$)
检测值	0.04	31	6	0.08	34	51

案例2:现代伊兰特小型汽车,2006年上牌,维修进厂检验采用双急速法检测,尾气排放检测数据见表6-15。

进厂尾气排放检测数据8　　　　表6-15

工况	急速			高急速		
项目	CO(%)	HC($\times 10^{-6}$)	NO$_x$($\times 10^{-6}$)	CO(%)	HC($\times 10^{-6}$)	NO$_x$($\times 10^{-6}$)
检测值	0.07	62.4	43.52	0.1	70.3	533.3

经检测,该车辆HC和NO$_x$两项超标,尾气排放检测不合格。根据故障排查顺序,首先确定三元催化转换器是否工作正常,经检测,车辆自然老化,三元催化转换器失效,排气管破损,更换三元催化转换器后,HC和NO$_x$的排放量降低,尾气排放检测合格,出厂尾气排放检测数据见表6-16。

出厂尾气排放检测数据8　　　　表6-16

工况	急速			高急速		
项目	CO(%)	HC($\times 10^{-6}$)	NO$_x$($\times 10^{-6}$)	CO(%)	HC($\times 10^{-6}$)	NO$_x$($\times 10^{-6}$)
检测值	0.02	2.26	2.67	0.03	6	3.94

五、HC和CO两项超标

汽油车尾气排放检测中,HC和CO两项超标,应按照喷油嘴是否正常,是否存在失火故障,冷却液温度传感器是否正常,三元催化转换器是否正常的检查顺序,依次排查故障位置。

案例:丰田小型汽车,进厂检验采用双急速法检测,尾气排放检测数据见表6-17。

进厂尾气排放检测数据9　　　　表6-17

工况	急速			高急速		
项目	CO(%)	HC($\times 10^{-6}$)	NO$_x$($\times 10^{-6}$)	CO(%)	HC($\times 10^{-6}$)	NO$_x$($\times 10^{-6}$)
检测值	0.37	564.94	63.36	0.48	184.31	60.58

经检测,该车辆CO、HC两项超标,尾气排放检测不合格。急速工况HC值高,属于点火不良,清洗喷油嘴,清除积炭后,CO、HC排放量明显降低,车辆尾气排放检测数据合格,出厂尾气排放检测数据见表6-18。

出厂尾气排放检测数据9　　　　表6-18

工况	急速			高急速		
项目	CO(%)	HC($\times 10^{-6}$)	NO$_x$($\times 10^{-6}$)	CO(%)	HC($\times 10^{-6}$)	NO$_x$($\times 10^{-6}$)
检测值	0.01	5.78	36.52	0.02	15.7	40.25

六、CO 和 NO_x 两项超标

汽油车尾气排放检测中，CO 和 NO_x 两项超标，首先应检查三元催化转换器是否正常，再检查喷油嘴是否正常，依次排查故障位置。

案例：长安小型汽车，行驶里程超过 20 万 km，进厂检验采用双怠速法检测，尾气排放检测数据见表 6-19。

进厂尾气排放检测数据 10　　　　　　　　　　　表 6-19

工况	怠速			高怠速		
项目	CO(%)	HC($\times 10^{-6}$)	NO_x($\times 10^{-6}$)	CO(%)	HC($\times 10^{-6}$)	NO_x($\times 10^{-6}$)
检测值	0.75	44.19	297.61	0.83	40.69	362.35

经检测，该车辆 CO 和 NO_x 两项严重超标，尾气排放检测不合格。初步判断为三元催化转换器失效，经检测，原厂三元催化转换器自然老化，经过更换，CO 和 NO_x 两项排放量明显降低，车辆尾气排放检测数据合格，出厂尾气排放检测数据见表 6-20。

出厂尾气排放检测数据 10　　　　　　　　　　　表 6-20

工况	怠速			高怠速		
项目	CO(%)	HC($\times 10^{-6}$)	NO_x($\times 10^{-6}$)	CO(%)	HC($\times 10^{-6}$)	NO_x($\times 10^{-6}$)
检测值	0.04	10.7	64.65	0.03	8.79	9.52

七、CO、HC 和 NO_x 三项均超标

汽油车尾气排放检测中，CO、HC 和 NO_x 三项超标，车辆非高行驶里程车辆，发动机工作正常的情况下，一般均为三元催化转换器故障，在故障诊断中，应首先检查三元催化转换器是否正常。

案例：某小型汽车，行程里程为 1.4 万 km，进厂检验采用双怠速法检测，尾气排放检测数据见表 6-21。

进厂尾气排放检测数据 11　　　　　　　　　　　表 6-21

工况	怠速			高怠速		
项目	CO(%)	HC($\times 10^{-6}$)	NO_x($\times 10^{-6}$)	CO(%)	HC($\times 10^{-6}$)	NO_x($\times 10^{-6}$)
检测值	0	25.75	13.96	0.48	117.32	504.72

经检测,该车辆 CO、HC 和 NO_x 三项均超标,尾气排放检测不合格。根据故障排查顺序,首先检查三元催化转换器是否工作正常,确定为三元催化转换器故障后,更换三元催化转换器,CO、HC 和 NO_x 三项排放量明显降低,车辆尾气排放检测数据合格,出厂尾气排放检测数据见表6-22。

出厂尾气排放检测数据 11　　　　　　　　　　表6-22

工况	急速			高急速		
项目	CO(%)	HC($\times 10^{-6}$)	NO_x($\times 10^{-6}$)	CO(%)	HC($\times 10^{-6}$)	NO_x($\times 10^{-6}$)
检测值	0.02	6.45	3.3	0.03	15.3	6.6

八、高行驶里程车辆排气排放物超标

汽油车排气污染物检测不合格,且车辆为高行驶里程车辆,其特点是发动机和排气污染物处理装置老化严重,车况复杂,应首先确认发动机是否进行过大修,再判断三元催化转换器是否工作正常。

案例:马自达小型汽车,行驶里程超过 60 万 km,进厂检验采用双急速法检测,尾气排放检测数据见表6-23。

进厂尾气排放检测数据 12　　　　　　　　　　表6-23

工况	急速			高急速		
项目	CO(%)	HC($\times 10^{-6}$)	NO_x($\times 10^{-6}$)	CO(%)	HC($\times 10^{-6}$)	NO_x($\times 10^{-6}$)
检测值	1.43	270.75	307.38	1.44	238.56	300.78

经检测,该车辆 CO、HC 和 NO_x 三项均严重超标,尾气排放检测不合格。该车辆行驶里程较高,车辆未经过发动机大修,初步判断为三元催化转换器失效,经过清洗三元催化转换器,CO、HC 和 NO_x 三项排放量明显降低,车辆尾气排放检测数据合格,出厂尾气排放检测数据见表6-24。

出厂尾气排放检测数据 12　　　　　　　　　　表6-24

工况	急速			高急速		
项目	CO(%)	HC($\times 10^{-6}$)	NO_x($\times 10^{-6}$)	CO(%)	HC($\times 10^{-6}$)	NO_x($\times 10^{-6}$)
检测值	0.04	16	35	0.07	27	42

第二节　柴油车排放性能常见故障维护案例

经统计，柴油车排气污染物超标的维修项目主要有清除积炭、调整检查高压油泵、调整喷油角度、清洗油路等。

一、喷油嘴故障案例

喷油嘴的喷油压力、密封性和柴油雾化效果的好坏，对每台电喷发动机的功率和排放性能有着根本性影响。柴油机的喷油嘴雾化状态不良及有漏滴现象，会产生尾气排放冒黑烟等现象，从而造成高压油泵工作不正常，使燃烧在发动机内进行不完全，输出功率下降，燃油消耗增加，炭烟排放升高，导致排放超标，严重时将彻底堵塞喷油嘴，损坏发动机。

案例：某轻型普通货车，采用自由加速法检测，平均光吸收系数检测值为 $4.5m^{-1}$，排气污染物严重超标，另结合车辆有抖动现象，初步判断为喷油嘴故障，经过故障诊断，拆装矫正喷油嘴，拆装调整气门间隙，对排气污染物治理后，光吸收系数为 $0.31m^{-1}$，尾气排放检测合格。

二、DPF 故障案例

DPF 捕集的炭烟颗粒以主动或被动再生的方式，会在载体内部被燃烧掉，转变成少量灰分物质，这些灰分是一种不可燃烧的物质，主要构成是润滑油添加剂的化学成分，如钙、硫、锌及磷的化合物。发动机燃烧越不充分，燃油和润滑油品质越低，就越容易产生更多的聚合物，含有润滑油或燃油添加剂元素的盐分被阻挡在DPF 内，其主要的成分为钙盐、硫酸盐、含锌的盐以及磷酸盐，进而导致 DPF 产生严重堵塞，影响车辆尾气排放，进而影响车辆运行和使用。

案例 1：某轻型货车，因道路检查排气污染物超标，被下发排气污染物超标维修治理告知书，排气污染物检测中，光吸收系数为 $1.41m^{-1}$。

经故障诊断，该车辆为 DPF 严重堵塞引起烟度超标，拆卸 DPF 放入高温锅炉加热至 $550\sim600℃$，使尿素晶体受热分解灰化，同时使其他颗粒物受热松动，再使高速气流通过陶瓷滤清器的小孔，以爆吹、多次加压吹扫对降解的炭灰进行孔道清理，扫除载体内炭灰，达到清理堵塞的效果。清理 DPF 后，经检测，光吸收系数为 $0.25m^{-1}$，尾气排放检测合格。

案例 2：某小型客车，发动机型号为 G7P20908，额定转速 2850r/min，检测站采用加载减速法对其检测，判定排气污染物检测不合格，光吸收系数为 1.42m^{-1}。拆开车辆后发现 DPF 堵塞，排气管全黑。经过清理 DPF，光吸收系数降为 1.01m^{-1}，尾气排放检测合格。

案例 3：某轻型客车，额定转速 5000r/min，检测站采用加载减速法对其检测，判定排气污染物检测不合格，光吸收系数为 2.51m^{-1}。对 DPF 进行拆装清洗后，光吸收系数降为 0.97m^{-1}，尾气排放检测合格。

第七章
CHAPTER 7

I/M制度实施建议与措施

《交通强国建设纲要》提出,要统筹车、油、路治理,有效防治公路运输大气污染。目前,I/M制度仍然是我国解决机动车污染防治问题最有效、最先进的管理制度。聚焦超标排放车辆全面实施I/M制度,要统筹法律、政策、经济、技术、市场等各种手段,形成汽车排放"检验—维修—复检"闭环管理,这意味着I/M制度的实施必须形成一套重要的长效机制,将超标排放汽车数量和排放总量控制在较低水平,从源头上削减我国在用汽车的污染物排放。

我国I/M制度实施尚处于起步阶段,在制度实施的过程中仍存在一些问题,在落实在用汽车排放控制治理过程中本书有以下建议:

一、建立完善管理体系

建立完善可执行的I/M制度体系,并加强预防和维护。在用汽车I/M制度的实施应是由生态环境、公安、交通运输部门相互配合,协同完成,缺一不可。生态环境部门负责组织制定或选用排放法规、技术标准及在用车排放削减目标,并对I/M制度的实施效果进行评价;交通运输部门负责管理检测站和维护站,组织、指导、监督维护站和检测站执行I/M制度;公安部门主要负责审核入户、年检的机动车有无"排放合格证",并配合生态环境部门共同对上路车辆的排放情况进行路检、抽检。

二、控制实施过程关键环节

1. 建立信息共享机制

在已有的I站、M站互联基础之上,进一步结合I/M制度的闭环实施需要,利用数字化平台的各项功能模块总结出来的实际经验和成果,督促I/M的100%互联闭环,并增加对如机动车关键信息、环保监测关键环节信息等关键字段的共享。

2. 加强排放检验站监管

在I/M制度实施闭环后,需联合生态环境部门不断完善并实施I/M制度的各项排放检验与维修治理管理制度。生态环境部门应结合维修部门核实的证据,对于汽车排放检验机构伪造检验结果、出具虚假报告、屏蔽或者修改车辆环保监控参数等违法行为,一经查实,应暂停该排放检验机构网络连接和检验报告打印功能,依法予以处罚。

3. 加强维修治理站监管

对使用假冒伪劣配件维护修理、破坏车载诊断系统、复检合格率过低、数据交互不正常、采用临时更换汽车排放控制装置等弄虚作假方式通过排放检验等行为，应予以处罚。

三、提高重要措施配套

1. 及时进行排放性能维护

排放性能衰退是车辆使用过程中不可避免的正常趋势。车辆在使用过程中，由于使用条件、使用年限、车辆类型及车辆的维护情况的不同，排放性能也不同。对车辆进行良好的维护，可以有效地减缓车辆的技术状况衰退趋势，使车辆的排放性能保持在合理的水平上。

2. 编制具体的排放维护技术操作细则

由于在用汽车车型较多，其配置和参数不同，各维护企业应结合车辆维护手册，制定具体的检测诊断操作规范，让维修操作人员在实际维护过程中按标准流程确定维护项目。

3. 培养专业的维护技术人员

维护技术人才的培养应作为一个长期性的工作任务，M站是否能够精准诊断、合理维修是影响车主满意度的关键因素。影响汽车尾气排放性能的因素复杂、零部件多，维护人员必须要掌握车辆各系统的工作原理，了解不同排气污染物中各气体生成机理，通过丰富的专业技术知识才能判断出故障原因，确定维护项目。

4. 加强宣传、调研工作

通过各种媒体宣传机动车排放污染对环境和人体造成的危害，呼吁车主积极参与排气污染物治理。同时，充分发挥协会的组织协调能力，对汽车维修企业和M站等进行走访调研，为地方M站的建设和运营提供指导。

参 考 文 献

[1] 陈吉刚. 欧美日汽车法规简介[J]. 汽车工业研究,2001(3):25-30.
[2] 王建章. 实施检查与维护制度控制在用车排放污染的研究[D]. 西安:长安大学,2006.
[3] 陈时生. 汽车排放污染及控制对策探析[J]. 图书情报导刊,2010(15):136-138.
[4] WAGNER,SIOBHAN. Clean air act[J]. Engineer,2008,293(7744):34.
[5] 钱人一. 控制排放的在用车检测/维修(I/M)技术[J]. 汽车与配件,2011(38):32-35.
[6] 郑智凝. 机动车排放污染及控制策略研究[J]. 环境与生活,2014(8):186-186.
[7] 鲍晓峰,吕猛,朱仁成. 中国轻型汽车排放控制标准的进展[J]. 汽车安全与节能学报,2017,8(3):13.
[8] 崔晓倩,张宪国,陈海峰. 美国在用车检测维护(I/M)制度经验借鉴[J]. 汽车纵横,2018,93(12):67-69.

附录1

汽车排放性能维护技术规范
(JT/T 1474—2023)

1 范围

本文件规定了汽车排放性能的维护流程、关键零部件作业项目和要求。

本文件适用于排放不合格汽车的维护和修理。

2 规范性引用文件

下列文件中的内容通过文中的规范性引用而构成本文件必不可少的条款。其中,注日期的引用文件,仅该日期对应的版本适用于本文件;不注日期的引用文件,其最新版本(包括所有的修改单)适用于本文件。

GB/T 5624　汽车维修术语

3 术语和定义

GB/T 5624 界定的术语和定义适用于本文件。

4 维护流程

4.1 车辆进厂后,应按以下要求进行基本项目检查,对不符合要求的项目,应先进行维修:

①发动机怠速时应运行平稳;

②发动机怠速和转速在 1500～2000r/min 时,蓄电池端电压应符合要求;

③车辆进气系统和排气系统应不漏气;

④冷却系统应工作正常,无泄漏,冷却液液位应符合汽车生产企业公开的汽车维修技术信息中的要求;

⑤润滑系统应工作正常,无泄漏;

⑥供油系统应工作正常,无泄漏;

⑦汽缸压力及泄漏量应符合汽车生产企业公开的汽车维修技术信息中的要求。

4.2 对车辆进行排放检测,应记录排气污染物实测值,确定车辆排放状态。

4.3 利用汽车故障电脑诊断仪(以下简称"诊断仪")读取故障码及数据流,应根据汽车生产企业公开的汽车维修技术信息中给出的数值范围进行分析,确定作业项目。

4.4 诊断仪未能检出排放性能相关故障时,应根据4.2排气污染物实测值和客户提供的检测站排放检验报告,结合本附件第5章给出的影响排放性能关键零部件进行排查诊断,确定作业项目。

4.5 对于确定的作业项目,参考汽车生产企业公开的汽车维修技术信息或本附件第5章进行分析、维护或修理。

4.6 作业完成后,应对电控系统进行初始化设定。

4.7 车辆出厂前应进行竣工质量检验。检验不合格应重复4.2~4.6操作;检验合格后签发《机动车维修竣工出厂合格证》。

4.8 维护流程如附图1-1所示。

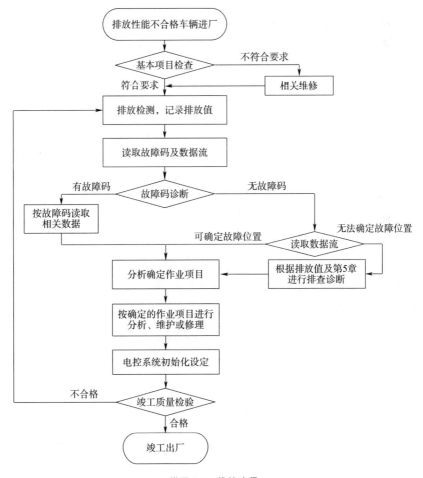

附图1-1 维护流程

5 关键零部件作业项目和要求

5.1 点燃式发动机汽车排放性能关键零部件作业项目和要求应按附表1-1进行。

点燃式发动机汽车关键零部件作业项目和要求 附表1-1

作业项目		作业要求
进气系统	空气滤清器	1. 滤芯应清洁,无破损; 2. 连接管无破损漏气,密封良好,安装牢固
	涡轮增压器	1. 内部无杂质; 2. 壳体组装紧密无松脱,不漏气、油、水; 3. 无异响
	涡轮增压压力传感器	1. 外观清洁,无明显损伤; 2. 安装可靠,不漏气,与线束连接紧固; 3. 密封部件无破损; 4. 发动机未起动时,传感器静态值为1个大气压,发动机怠速时应低于1个大气压,发动机加速时传感器数值应有变化
	涡轮增压控制电磁阀	1. 外观清洁,无明显损伤; 2. 各接口连接正确; 3. 接插件和线束无破损,安装牢固; 4. 电磁阀功能正常
	节气门	1. 外观及内部清洁,无明显损伤; 2. 节气门阀片无起边、磕碰等现象
	节气门位置传感器 空气流量传感器 空气温度传感器 空气压力传感器	1. 外观清洁,无明显损伤; 2. 安装可靠,密封部件无破损,不漏气,与线束连接紧固; 3. 传感器功能正常
排气系统	氧传感器(空燃比传感器)	1. 外观清洁,无明显损伤; 2. 安装可靠,与线束连接紧固; 3. 密封部件无破损; 4. 发动机在高怠速转速时,过量空气系数应在0.95~1.05之间

续上表

作业项目		作业要求
排气系统	废气再循环(EGR)系统	1. 各接口连接正确,管路畅通; 2. 系统各元件外观清洁,连接可靠; 3. 接插件连接可靠; 4. EGR阀在发动机怠速时应关闭,加速时应能打开
	催化转换器	1. 外观无明显损伤; 2. 内部清洁无堵塞,载体无明显损坏破损,催化转换功能正常
	二次空气喷射系统	1. 系统各元件外观清洁,连接可靠; 2. 管路畅通; 3. 各控制阀功能正常
	曲轴箱通风(PCV)系统	1. 管路清洁畅通,连接可靠不漏气; 2. 各阀门无堵塞、卡滞现象; 3. 接插件连接可靠; 4. 系统功能正常
供油系统	喷油器	1. 外观清洁,安装紧固; 2. 燃油管路连接可靠外观无明显损伤; 3. 密封部件无破损; 4. 喷油器工作正常
	炭罐及电磁阀	1. 外观清洁,无明显损伤,支架安装牢固可靠; 2. 炭罐通气顺畅; 3. 电磁阀工作正常
点火系统	火花塞	1. 陶瓷体清洁,无明显损伤,接线螺母紧固; 2. 火花塞间隙在0.9~1.3mm范围内或在汽车维修手册规定的限值内,工作正常
	点火线圈	1. 安装紧固,外观清洁,无明显损伤; 2. 线圈工作正常
	高压线	1. 外观清洁,无明显损伤,安装紧固; 2. 高压线工作正常

续上表

作业项目		作业要求
冷却系统	冷却液温度传感器	1. 外观清洁,无明显损伤; 2. 安装可靠,不漏水,与线束连接紧固; 3. 传感器功能正常
	节温器	1. 节温器无卡滞或关闭不严现象; 2. 冷却液温度高于100℃时,节温器应全开,冷却液温度低于80℃时,节温器应能关闭
其他	凸轮轴位置传感器	1. 外观清洁,无明显损伤; 2. 安装可靠,与线束连接紧固; 3. 传感器功能正常
	发动机转速及曲轴位置传感器	
	爆震传感器	
	车速传感器	
	发动机系统积炭	进气歧管、气门、活塞顶、活塞环及燃烧室表面无明显积炭

5.2 压燃式发动机汽车排放性能关键零部件维护作业项目包括附表1-1中的进气系统、冷却系统以及附表1-2中规定的其他作业项目,进气系统、冷却系统的作业项目和要求应按照附表1-1进行,其他作业项目和要求应按照附表1-2进行。

压燃式发动机汽车关键零部件其他作业项目和要求　　附表1-2

作业项目		作业要求
排气系统	排气温度传感器	1. 安装可靠,与线束连接紧固; 2. 外观清洁,无明显损伤; 3. 传感器功能正常
	氮氧化物传感器	
	废气再循环(EGR)系统	1. 各接口连接正确,管路畅通; 2. 系统各元件外观清洁,连接可靠; 3. 接插件连接可靠; 4. EGR阀在发动机怠速时应关闭,加速时应能打开
	催化转换器	1. 外观无明显损伤; 2. 清洁无堵塞,载体无明显损坏破损; 3. 催化转换功能正常

续上表

作业项目		作业要求
排气系统	颗粒捕集器	1. 安装牢固,外观无明显损伤; 2. 内部清洁无堵塞,功能正常
	尿素罐及管路	1. 管路接头连接可靠; 2. 无破损,无进水和灰尘杂质等
	尿素计量喷射泵	1. 接插件及管路接头连接可靠; 2. 外观清洁,无进水和灰尘杂质等; 3. 喷射泵功能正常
	曲轴箱通风(PCV)系统	1. 管路清洁畅通,连接可靠不漏气; 2. 各阀门无堵塞、卡滞现象; 3. 接插件连接可靠; 4. 系统功能正常
供油系统	高压共轨系统	1. 管路无破损; 2. 各控制阀、传感器功能正常
	喷油器	1. 外观清洁,安装紧固,燃油管路连接可靠外观无明显损伤; 2. 密封部件无破损; 3. 喷油器工作正常
	供油量及供油定时控制电磁阀	1. 外观清洁,无明显损伤; 2. 各接口连接正确,接插件和线束无破损,安装牢固; 3. 电磁阀功能正常
其他	凸轮轴位置传感器	1. 外观清洁,无明显损伤; 2. 安装可靠,与线束连接紧固; 3. 传感器功能正常
	发动机转速及曲轴位置传感器	
	车速传感器	
	燃油预热系统	系统工作正常
	起动预热系统	
	发动机系统积炭	进气歧管、气门、活塞顶、活塞环及燃烧室表面无明显积炭

附录2

APPENDIX 2

关于建立实施汽车排放检验与维护制度的通知

为贯彻落实《中华人民共和国大气污染防治法》《打赢蓝天保卫战三年行动计划》《柴油货车污染治理攻坚战行动计划》有关要求,加快建立实施汽车排放检验与维护制度,防治在用汽车排放污染,助力打赢蓝天保卫战,现将有关事项通知如下。

一、充分认识建立汽车排放检验与维护制度的重要意义

当前,我国汽车超标排放、监管尚未形成闭环的问题依然突出,随着汽车保有量持续快速增长,汽车排放已经成为大气环境污染的重要来源之一。《打赢蓝天保卫战三年行动计划》《柴油货车污染治理攻坚战行动计划》明确要求全面建立实施汽车排放检验与维护制度。汽车排放检验与维护制度是指依法对在用汽车排放进行定期检验、监督抽测和维护修理,使汽车排放符合相关标准要求的管理制度,其事关打赢蓝天保卫战全局,事关大气环境污染治理取得实效,事关大气环境污染治理体系和治理能力的现代化。地方各级生态环境、交通运输、市场监管部门要统一思想,提高认识,强化组织协调,形成联防联控机制,推动构建汽车排放检验与维护闭环管理制度,有效推进超标排放汽车维护修理,减少汽车排气污染物排放。

二、落实汽车排放检验和汽车排放性能维护修理主体责任

地方各级生态环境、市场监管部门要督促指导汽车排放检验机构依法落实汽车排放检验主体责任。汽车排放检验机构应当依法通过资质认定(计量认证),使用经依法检定合格或校准的排放检验设备,按照相关规范进行排放检验,并与生态环境部门联网,实现检验数据实时共享。要严格实施《汽油车污染物排放限值及测量方法(双怠速法及简易工况法)》(GB 18285—2018)和《柴油车污染物排放限值及测量方法(自由加速法及加载减速法)》(GB 3847—2018)等检验标准,除无法手动切换两驱模式的全时及适时四驱车型,因使用特殊技术或存在安全隐患无法上线检测的车型,以及执法检查等特殊情况使用双怠速法和自由加速法外,要全面按标准使用简易工况法、加载减速法。汽车排放检验机构及其负责人对检验数据的真实性和准确性负责。地方各级生态环境部门要通过互联网、移动通信端等便于公众获取的方式公布本行政区域汽车排放检验机构的信息并及时更新。汽车排放

检验机构要在办事大厅、休息区醒目位置张贴本地区可维护修理单位信息,便于车主联系和送修。

地方各级交通运输部门要依法依规监督指导汽车排放维护修理工作。取得汽车维修经营备案的一、二类汽车维修企业和从事发动机维修的三类汽车维修企业,可作为汽车排放性能维护(维修)站。各级交通运输部门应当在网站公示本行政区域内汽车排放性能维护(维修)站名录和联系方式。汽车排放性能维护(维修)站应按照《机动车维修管理规定》、有关技术标准规范、汽车生产(含进口)企业公开的维修技术信息、机动车排放检验报告单及车载排放诊断系统记载信息等,对超标排放车辆进行科学诊断和合理维护修理。完成排放超标维护修理后,要按照规定向托修方交付维修结算清单,并通过汽车维修电子健康档案系统将汽车排放维护修理信息及时上传到当地交通运输部门,并注明是超标排放维护车辆。对于属于二级维护、总成修理、整车修理作业的车辆,维护修理完成并维修竣工质量检验合格的,应签发《机动车维修竣工出厂合格证》。超标排放汽车经诊断后确实无法修复的或维护修理后仍然无法达到规定排放标准的,应如实告知托修方,由托修方决定是否继续维护修理。

地方交通运输部门可以根据工作实际,按照公开公平公正的原则,遴选一定比例制度完善、技术公认、维修质量信誉考核等级在 AA 及以上、群众满意度高的汽车排放性能维护(维修)站作为汽车排放性能维护(维修)技术示范站。技术示范站应挂牌运营,发挥汽车排放污染维护修理技术示范作用,并主动接受社会监督。汽车排放性能维护(维修)站及其技术示范站均应重视和持续加强排放超标汽车诊断和维护修理能力建设,加大技术投入和人员培训,稳定提升超标排放汽车维护修理技术。

三、实施汽车排放检验、维护和违法处罚联动管理

各省级生态环境、交通运输部门应通过信息闭环管理来实现汽车排放检验与维护制度联动,以及对超标排放汽车的闭环管理。超标排放汽车的排放检验信息和维护修理信息,应分别按照生态环境部和交通运输部有关技术要求,通过汽车排放检验信息系统和汽车维修电子健康档案系统上传至各自省级系统,并通过两省级系统实现数据交互,按规定制度作出处理。具备条件的地市可以通过地市级相关系统实现闭环管理,并将数据上传至省级系统。

对超标排放汽车,汽车排放检验机构应通过书面告知、手机短信等方式通知汽车所有人或使用人到汽车排放性能维护(维修)站维护修理。汽车排放检验机构

应积极为复检车辆提供预约服务、开辟绿色通道、实行检测费优惠等便利措施。超标排放汽车到汽车排放检验机构复检的，汽车排放检验机构应通过系统查询其维护修理记录作为复检凭证。暂不具备信息化条件的地区，汽车排放检验信息系统和汽车维修电子健康档案系统实现联网前，可以将维修结算清单或者《机动车维修竣工出厂合格证》作为复检凭证。汽车未经检验合格或未取得检验合格标志上路行驶的，应当依法进行处罚。在用机动车排放大气污染物超过标准的，应当进行维修；经维修或者采用污染控制技术后，大气污染物排放仍不符合国家在用机动车排放标准的，应当强制报废。其所有人应当将机动车交售给报废机动车回收拆解企业，由报废机动车回收拆解企业按照国家有关规定进行登记、拆解、销毁等处理。

四、强化汽车排放检验与维护的监督管理

地方各级生态环境部门要会同交通运输、公安交管、市场监管部门完善监管执法模式。推行生态环境部门检测取证、公安交管部门实施处罚、交通运输部门监督维修、市场监管部门监督检测的联合监管执法模式。地方各级生态环境部门和市场监管部门要依法加强汽车排放检验机构的监督检查，可采取现场随机抽检、排放检测比对、远程监控排查等方式，强化对排放检验机构的监管。对于异地登记车辆排放检验比较集中、排放检验合格率异常的排放检验机构，应作为重点对象加强监管。严厉打击排放检验机构伪造检验结果、出具虚假报告、屏蔽或者修改车辆环保监控参数等违法行为；对存在此类违法行为的检验机构，一经查实，生态环境部门暂停网络连接和检验报告打印功能，依法予以严格处罚并公开曝光。同时将相关违法违规行为通报市场监管部门，由市场监管部门依法处罚，并记入信用记录。

地方各级交通运输、生态环境部门应加强汽车排放性能维护（维修）站监督检查。地方各级交通运输部门要充分发挥汽车维修电子健康档案系统作用，提升行业数字化监管能力，规范汽车排放性能维护修理经营行为。对于不具备维护修理能力、用强制或者虚假信息诱导欺骗的方式向托修方违规搭售排放维护修理项目或配件装置、有意夸大配件装置性能或维修效果、群众举报投诉多的汽车排放性能维护（维修）站，要依法依规加强监管和处罚，规范净化汽车排放超标维护修理的市场秩序。对使用假冒伪劣配件维护修理、破坏汽车车载排放诊断系统、采用临时更换汽车污染控制装置等弄虚作假方式通过排放检验等行为，依据《中华人民共和国大气污染防治法》《中华人民共和国道路运输条例》有关规定予以处罚。对有关汽车排放性能维护（维修）技术示范站存在违法违规情形的，除按照上述规定要求处罚外，还应撤销其示范站称号，并向社会公告。

交通运输部牵头组建汽车排放检验与维护专家委员会,加强对汽车排放检验与维护工作的技术支持,开展相关政策标准研究评估,进行国际学术交流,推动行业技术水平提升。各省级生态环境、交通运输部门要研究建立汽车排放检验与维护相关争议调解机制,保障各相关方合法权益。

五、工作要求

加强组织领导。各省级生态环境、交通运输、市场监管部门要落实部门职责分工,建立健全定期会商、信息通报、联合监管等联防联控工作机制,加大资金投入和人员保障,确保汽车排放检验与维护制度扎实有效落地。重要情况及时报告生态环境部、交通运输部、市场监管总局。

加强政策宣传。各省级生态环境、交通运输、市场监管部门要积极开展政策宣传,通过互联网、报纸杂志、广播电视等多种渠道,开展专家解读、专题宣传活动,大力宣传汽车排放检验与维护制度要求、汽车所有人应履行汽车排放检验合格和出现问题及时维护修理的法律责任义务、违法违规处罚等内容,保障制度顺利实施。

提升专业技能。各省级生态环境、交通运输、市场监管部门应指导汽车排放检验、汽车维修行业建立健全从业人员培训制度,积极开展有关制度和专业技能培训,持续提升从业人员的专业技能和素质。鼓励汽车排放检验机构和汽车维护企业优先聘用具备专业学历或职业技能等级证书的人员。鼓励组织开展汽车排放诊断维护修理技术比武和技能竞赛。

附录3

APPENDIX 3

汽车排放性能维护(维修)技术示范站建设与管理办法

第一条 为全面贯彻党中央、国务院关于深入打好污染防治攻坚战工作部署，认真落实生态环境部、交通运输部、国家市场监督管理总局《关于建立实施汽车排放检验与维护制度的通知》有关要求，有序推进汽车排放性能维护（维修）技术示范站建设，以点带面推动汽车排放检验与维护制度落地落实，制定本办法。

第二条 本办法适用于汽车排放性能维护（维修）技术示范站（以下简称示范站）的建设、遴选、授牌和已授牌示范站的管理工作。

第三条 地方各级交通运输主管部门应当加强对汽车排放维护修理工作的监督指导，及时公示并更新本地区汽车排放性能维护（维修）站（M站）名录和联系方式，组织对从业人员开展专业技能培训，督促诚实守信经营，不断提升汽车排放性能维护（维修）能力，为建设、遴选示范站奠定基础。

省级交通运输主管部门应当密切与生态环境部门的工作协同，加强汽车排放检验机构（I站）与汽车排放性能维护（维修）站（M站）数据交换，加快推动汽车排放检验与维护制度（I/M制度）落地落实。

第四条 示范站建设与管理工作遵循企业自愿参与、自主开展，公开公正、择优遴选，动态管理、社会监督的原则。

第五条 交通运输部负责指导示范站建设和监督管理，制定出台示范站建设指南和配套管理制度，加强对示范站建设与管理工作的政策引领。

省级交通运输主管部门负责组织实施本省份示范站建设与管理工作，加强工作统筹、组织协调、政策保障和监督管理。

第六条 省级交通运输主管部门应当统筹考虑本省份机动车保有量、机动车维修市场发展和汽车排放污染治理等工作需要，坚持通盘谋划、合理布局、循序渐进，科学把握工作节奏，合理确定示范站数量和区域分布。原则上，示范站数量不宜超过辖区一、二类汽车维修企业总数的1%。

第七条 拟申请示范站的汽车排放性能维护（维修）站，应当符合一、二类汽车整车维修企业条件要求，从事汽车排放检验维护（维修）经营业务2年以上，并在人员能力、设施设备、管理制度、技术创新、质量信誉、群众满意度等方面具有较好的示范性和引领性。具体创建条件和标准参照《汽车排放性能维护（维修）技术示范站建设指南（试行）》。

第八条 拟申请示范站的汽车排放性能维护（维修）站，应当按照所在省份交通运输主管部门有关要求,提交示范站遴选申请材料。

第九条 省级交通运输主管部门应当组织对申请材料进行严格审核把关,通过审核的由省级交通运输主管部门按程序进行公示,公示期不少于5个工作日。公示无异议或者有异议但核实通过的,由省级交通运输主管部门按照统一式样进行授牌,并按程序向社会公布示范站名单。

遴选和授牌过程中,省级交通运输主管部门不得向申请单位收取费用。

第十条 示范站应当亮明身份、挂牌经营,主动接受社会监督。

第十一条 示范站应当加强新技术、新产品和新工艺应用,强化专业设施设备配置,加强关键岗位从业人员培训,不断提高汽车排放故障诊断和维护修理能力。

第十二条 省级交通运输主管部门应当定期对示范站的汽车维护(维修)数据上传、承修车辆复检合格率、消费者投诉处理等情况进行综合评价,并向社会公开评价结果。

第十三条 地方各级交通运输主管部门应当加强对示范站作业规范性、复检合格率、车主满意度等经营服务情况的监督检查。对存在虚假维修、过度维修、消费欺诈等违法违规情形,以及群众举报投诉多、示范作用发挥不理想的,会同有关部门依法依规严肃处理。不再符合示范站条件和标准的,由省级交通运输主管部门按规定及时撤销其示范站称号,并向社会公告。

第十四条 地方各级交通运输主管部门应当密切与相关部门的协同联动,积极争取政策支持,加强工作会商、信息通报和联合监管,及时协调解决汽车排放检验与维护工作相关争议和示范站建设管理、经营服务过程中的困难问题。

第十五条 省级交通运输主管部门应当适时总结示范站建设管理、经营服务等经验做法,加强宣传推广,积极打造汽车排放性能维护(维修)技术展示窗口,切实发挥示范引领作用,有效支撑汽车排放污染治理工作。

第十六条 本办法自发布之日起施行。省级交通运输主管部门可根据本办法结合本地实际制定实施细则。

附录4
APPENDIX 4

汽车排放性能维护(维修)技术示范站建设指南(试行)

1　基本条件

1.1　经营条件

(1)符合一、二类汽车整车维修企业条件要求,并在当地交通运输主管部门完成相应的汽车维修经营备案。

(2)从事汽车排放检验维护(维修)经营业务2年以上。

1.2　技术能力

(1)具备与承修车型相适应的汽车排放性能维护(维修)专业能力和相应技术人员,汽车排放污染物检测、诊断、维修相关设施设备应符合相关标准规范和汽车生产企业公开的维修技术要求,具有汽车排放污染检测、诊断、维修等作业指导书。

(2)上一年度承修车辆的排放性能复检合格率不低于95%。

1.3　质量信誉

近两年维修质量信誉考核等级均为AA级及以上,且未发生涉及维修服务质量的有责用户投诉。

2　人员配备

示范站相关人员配备和岗位设置除应符合汽车整车维修企业经营业务条件等标准规范外,还应满足以下要求。

2.1　技术负责人

技术负责人应从事汽车维修相关业务5年以上,具有汽车排放检验与维护工作3年以上经验;取得汽车维修相关专业中级及以上专业技术职称,或具有汽车维修相关职业(工种)技师(二级)及以上职业技能等级认定证书;熟悉相关技术标准内容,具备汽车排放污染超标故障诊断分析能力,能够熟练使用相关检测诊断系统和维修设备,及时解决维修过程中出现的疑难技术问题。

2.2　维修检测人员

维修检测人员应从事汽车维修相关业务3年以上,具有汽车排放检验与维护工作2年以上经验;至少有2人取得汽车维修相关专业初级及以上专业技术职称,或具有汽车维修相关职业(工种)高级工(三级)及以上职业技能等级认定证书;具备汽车排放污染超标故障诊断分析能力,能够熟练使用汽车排放污染检测诊断系统和维修设备完成汽车排放性能维修作业。

2.3 质量检验员

质量检验员应熟悉汽车排放检验、诊断与维修作业规范,掌握汽车排放故障诊断和质量检验技术,能够熟练使用汽车排放污染检测诊断系统与相关设备。

3 设施设备配置

3.1 专用工位

(1)示范站维修车间内应设有汽车排放污染检测诊断和维修专用工位,并悬挂专用工位指示牌。

(2)示范站的专用工位数量和面积应与承修车型、生产作业规模相适应。

3.2 检测设备

示范站原则上应当配备与所在地区车辆环保检测相一致的排放检测设备,具体符合《汽油车污染物排放限值及测量方法(双怠速法及简易工况法)》(GB 18285—2018)或《柴油车污染物排放限值及测量方法(自由加速法及加载减速法)》(GB 3847—2018)规定,并采用与所在地区车辆环保检测相一致的汽车排放检验方法开展汽车污染物排放检验。

3.3 专用维修设备

(1)示范站应配备与承修车型、业务量及生产工艺相适应,并符合相关产品标准,技术状况完好的汽车排放性能维护(维修)专用设备。

(2)示范站承修汽油车的,配备的主要维修设备数量、功能及技术要求应满足附表4-1要求。

示范站主要维修设备配备及技术要求　　　　　附表4-1

序号	设备名称	技术要求
1	红外线测温仪	符合《工作用辐射温度计》(JJG 856—2015)的检定要求
2	烟雾检漏仪	汽车蓄电池电压供电,内置空气压缩机,输出流量≥10L/min,输出压力≥10Psi
3	喷油器检测清洗分析仪	采用超声波清洗,具有均匀性、雾化性、密封性

续上表

序号	设备名称	技术要求
4	工业内窥镜	符合《工业内窥镜》(JB/T 11130—2011)的要求
5	积炭清除设备	免拆清洗,清洗结果不应破坏汽车其他部件的功能

(3)示范站承修柴油车的,可不配备喷油器检测清洗分析仪,但应当配备 DPF 清洗设备(柴油机颗粒捕集器)。

4 信息化应用

4.1 系统功能

(1)示范站应使用汽车维修电子健康档案系统等信息化系统开展经营服务,并实现与生态环境部门关于汽车排放检测和维修数据的交换与共享。

(2)信息化系统应具备维修服务预约及评价、信息发布与交流等功能,持续改进提升服务质量。

4.2 数据传输

超标排放汽车经维修、竣工检验合格后,示范站应及时将维修结算清单信息上传至汽车维修电子健康档案系统,数据传输应符合《汽车维修电子健康档案系统 第2部分:数据采集技术要求》(JT/T 1132.2—2017)规定项目的要求。

4.3 数据存储

示范站应妥善存储汽车排放维修数据。其中,电子记录数据保存期限不少于3年。

5 作业流程

(1)示范站作业流程应涵盖"车辆进站—查阅信息—车辆检查—故障诊断—制订方案—实施维修—竣工检验—出具结算清单—上传维修信息—车辆出站"等,具体如附图4-1所示。

(2)示范站在汽车排放性能维护(维修)作业过程中应注意以下事项:

①严格车辆检查。

维修检测人员应严格执行承修车辆检查项目流程,重点检查机油、空气滤清器、进气管路、排气管路、真空管路、仪表盘故障警告灯等。

②严格竣工检验。

质量检验员应严格按规定开展竣工检验,对竣工检验合格的车辆,出具维修结算清单,签发"机动车维修竣工出厂合格证";竣工检验不合格的车辆,应重新进入车辆检查、故障诊断和车辆维修环节。

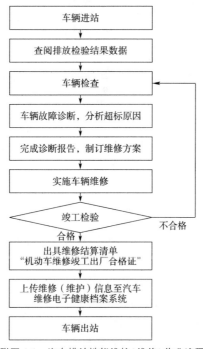

附图4-1 汽车排放性能维护(维修)作业流程

③严格数据上传。

车辆出站前,应确保已将维护(维修)信息上传至汽车维修电子健康档案系统。

6 管理制度

6.1 安全生产制度

6.1.1 安全生产责任制

(1)示范站应按照《中华人民共和国安全生产法》《机动车维修管理规定》等法律法规和规章要求,设置安全生产管理机构,配备安全生产管理人员。

(2)制定并严格落实汽车排放检测、诊断和维修业务安全生产责任制和安全生产规章制度,督促员工严格落实安全生产管理制度和操作规程。

6.1.2 安全知识培训

应定期组织员工进行安全生产教育和安全知识培训,督促严格执行安全操作规程,严禁违章作业。

6.1.3 机电设备操作规程

应制定所配机械、电器及电气自动化设备等各类机电设备的安全操作规程,并将其上墙或以其他方式明示。

6.1.4 危险品存储管理

应按照国家有关危险品管理的法律法规和标准规范要求,建立有毒、易燃、易爆物品、化学品和粉尘、腐蚀剂、污染物、压力容器等的使用和存储管理制度,具备相应的安全防护措施和设施设备,安全防护设施设备应有明显的警示、禁令标志。

6.1.5 安全生产应急预案

应制订物体打击、车辆伤害、机械伤害、起重伤害、触电、火灾等安全生产事故的应急预案,并经常性开展应急演练。

6.2 环境保护制度

6.2.1 制度台账管理

应建立与汽车排放污染检测、诊断和维修业务相匹配的环境管理制度,如实记录原辅材料、设备运行维护、固体废物管理等相关台账。

6.2.2 污染防治设施

(1)应按照国家和本地区有关污染防治的法律法规和标准规范要求,建设、运行和维护污染防治设施,严格控制污染物排放。

(2)按照法律法规和所在地空气污染物排放标准及有关要求,在调试车间或调试工位设置异味和废气收集处理装置等污染防治设施并保持正常使用,确保污染物排放达标,防止影响周边环境。

(3)含挥发性有机物的原辅材料及其废弃储存、转移等符合相关标准和要求。

(4)应按照国家相关法律法规和标准规范要求,配置废矿物油、废铅蓄电池等危险废物储存设施,如实申报危险废物的种类、产生量、流向、储存、处置等有关情况,依法填写危险废物转移联单并委托有资质的单位进行利用处置。

6.2.3 环保材料应用

应按照国家有关生态环保材料应用推广工作部署和标准规范要求,采用安全环保节能减排的设施、设备、材料和工艺开展维护(维修)作业。鼓励减量使用含挥发性有机物材料,推广使用低(无)挥发性有机物材料。

6.3 质量管理制度

6.3.1 建立质量保证体系

示范站应健全汽车排放性能维护(维修)质量保证制度体系,建立并严格落实维修前检验诊断、维修过程检验和竣工质量检验制度,加强对承修车辆维护(维修)作业的全过程质量控制并做好记录,严格执行维修质量保证期要求。

6.3.2 实施科学诊断维修

应严格按照国家有关技术标准规范、汽车生产和进口企业公开的维修技术信息、机动车排放检验结果及车载诊断系统记载信息等,对超标排放车辆进行科学诊断和合理维修。

6.3.3 加强配件质量管理

应制定完善的维修配件质量管理制度并严格执行,作业过程中应采用符合国家或行业质量标准及可追溯的配件。

6.4 设施设备管理制度

(1)应针对诊断、维修等设施设备制订管理维护计划并有效组织实施,妥善保管设备设施维护记录。

(2)依据设施设备使用说明书,制定细化设施设备使用操作规程。

(3)加强设施设备检定核查,确保所使用的计量设备、器具及标准物质等在检定或校准有效期内。

7 标志标识

经遴选确定的示范站应使用统一标志牌(具体式样见附图4-2),亮明身份、挂牌经营。

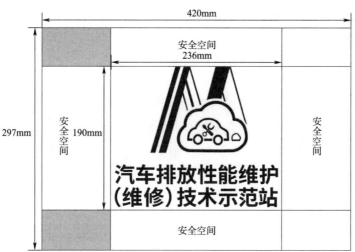

制作辅助示意图:按照营业执照尺寸420mm×297mm制作示意;
印刷色值(CMYK): 90 30 95 30。

附图4-2 示范站标志牌制作辅助示意图